U0100332

大展好書　好書大展
品嘗好書　冠群可期

武術特輯
104

楊式太極拳闡秘

龐大明　著

大展出版社有限公司

作者簡介

龐大明（1957－　　），山東省濰坊市人。經濟師、藥械師。國家武術六段。楊式太極拳第五代傳人，武式太極拳第六代傳人，陳式太極拳第十九代傳人。

於 1971 年起先後拜楊式太極拳第四代傳人傅宗元、傅鍾文、趙斌先生爲師，學習楊澄甫先生定型的系列拳架的八十五式太極拳（包括一個陰腿架、一個陽腿架，即人們通常所說的實腿架和虛腿架）、三十七式太極拳、太極長拳、太極散手、太極劍、太極十三刀、太極四刀、太極十三槍、太極四沾槍、太極四粘槍。拜楊式太極拳第四代傳人林金聲、賈志祥先生爲師，學習楊式太極拳老架（亦稱楊班侯太極拳）系列拳架的大架、中架（其中有四種練法）、小架、提腿架（其中有兩種打法）、快架、撩拷八卦掌、四隅捶（四種練法）、四路炮捶、十三路炮捶、一時短打、太極散手以及太極內功和器械。拜武式太極拳第五代傳人吳文翰先生爲師，學習武式太極拳傳統套路。拜陳式太極拳第十八代傳人陳伯祥爲師，系統學習了陳式太極拳。

曾先後在《武術健身》《武魂》《武林》《少林與太極》《精武》《太極通覽》《邯鄲社會科學》《太極》等雜誌上發表論文數百篇。其《楊班侯太極拳》錄影帶在海內外產生了一定的影響。1995 年應新加坡王黎曼先生之約創編

了《輪椅太極拳》，已錄製爲教學片，在國內外太極拳界產生了較大的影響。撰寫和示範的《武式太極拳傳統套路》教學片，於 1997 年由北京體育大學出版社出版發行，填補了武式太極拳沒有教學帶的空白。撰寫的《楊式太極拳用法解要》一書，於 1998 年由北京體育大學出版社出版發行，書中對楊式八十五式太極拳實腿拳架和三十七式太極拳拳架作了詳細的講解。其中三十七式太極拳在楊澄甫先生 1931 年出版的《太極拳使用法》一書之後第一次公開，敘述明晰，圖文並茂，在理論上對太極拳的 24 種勁也做了較詳細的闡述，同時，書後附有一直在楊式太極拳傳人手中秘傳的四個拳譜，打破了社會上楊式太極拳沒有理論的傳言。於 2004 年撰寫《武式太極拳闡秘》一書，由山西科技出版社出版，書中不僅對武式太極拳拳理、拳法作了較爲詳細的論述，而且首次較爲全面地公開了一些歷史資料，這些史料將對以後研究太極拳源流與發展起著較爲重要作用。

先後擔任中國‧永年國際太極拳聯誼會副秘書長、中國‧邯鄲國際太極拳聯誼會副秘書長、中國‧邯鄲國際太極拳交流大會副秘書長；邯鄲市武協副主席、邯鄲楊班侯太極拳研究會理事長、邯鄲市太極拳學會會長（法定代表人）；北美武（郝）式太極拳總會海外顧問；《邯鄲武術志》副總編、《太極通覽》雜誌副主編、《邯鄲社會科學》雜誌編委、《太極》雜誌特邀編委；並被中國‧永年國際太極拳聯誼會授予爲「太極大師」稱號。由於在組織第五屆中國‧永年國際太極拳聯誼會中有突出貢獻，給予記功表彰。被《國魂》等二十多種國內外大型辭典收錄。

前 言

　　這本書名曰《楊式太極拳闡秘》，是在拙著《楊式太極拳用法解要》（1998年，北京體育大學出版社）一書首次運用楊式太極拳拳譜理論的基礎上，又在門規允許的前提下，將《楊祿禪太極拳拳譜》的部分內容和《楊健侯太極拳拳譜》《太極點穴秘譜》公開，突破了這些拳譜只在門內傳人中秘傳的規矩。希望這些拳譜的公開，能豐富社會上流傳的太極拳內容，進一步滿足廣大太極拳愛好者學習研究楊式太極拳的需要。

　　同時，也再次證明「太極拳文化」是一門獨立的社會學科。

　　說它是一門獨立的社會學科，是因為它文武兼備。所謂「文」，是它在拳理上蘊含有「陰陽學說」「五行學說」「八卦學說」「河圖、洛書文化」，構成了太極文化；所謂「武」，是它含有「擊技術」「點穴術」「氣功導引術」。在「擊技」「點穴」「氣功導引術」的運用中，又包含著中醫學的「外科」「內科」「骨科」「經絡學」「中藥學」等。它涵蓋了中國傳統的「太極文化」「武術文化」「中醫、中藥文化」。具體些說，「太極拳文化」是集「太極文化」「武術文化」和「中醫、中藥學」之大成的一門獨立的社會學科。

我們要將「太極拳文化」和「太極文化」區分開來。「太極文化」是「陰陽學說」「五行學說」「八卦學說」和「河洛文化」的總稱。也就是說，「太極文化」不包括「太極拳文化」，而「太極拳文化」涵蓋了「太極文化」。「太極拳文化」是我們先人將「太極文化」「武術文化」「中醫中藥學」完美結合的產物。

本書第一章對《楊祿禪太極拳拳譜》的主要內容作了技術性的闡釋，意在使太極拳愛好者不但知道掤、捋、擠、按、採、挒、肘、靠，進、退、顧、盼、定十三勢，同時也明瞭陳式太極拳將拳架畫分爲十三節意寓太極十三勢，楊式太極拳將拳式畫爲八十五式也意寓著八五十三勢；更爲重要的是，闡明了要瞭解太極拳，就必須掌握十三勢行工法，即太極丹田行工法、太極襠行工法、太極頂勁行工法、太極圓行工法、太極上下行工法、太極進退行工法、太極開合行工法、太極出入行工法、太極領落行工法、太極迎敵行工法、太極纏絲行工法、太極背絲扣行工法、河圖洛書合成纏絲勁行工法。

就拳架的介紹而言，本書是與《楊式太極拳用法解要》相配套的。楊澄甫先生在《太極拳之練習談》中指出：學習「太極拳之程式，先練拳架（屬於徒手），如太極拳、太極長拳；其次爲單手推挽、原地推手、活步推手、大捋、散手」。其中太極拳包括三個拳架，一個是八十五式太極拳實腿拳架（陰腿拳架），一個是八十五式太極拳虛腿拳架（陽腿拳架），再一個就是三十七式太極拳拳架。

《楊式太極拳用法解要》一書介紹的是八十五式太極拳實腿拳架和三十七式太極拳兩個拳架，本書則介紹了八十五

式太極拳的虛腿拳架，這樣楊澄甫先生所定型的三個拳架就齊備了。

實腿拳架和虛腿拳架的單手推挽、原地推手、活步推手是相同的，唯有大捋不同，大捋分爲實腿大捋和虛腿大捋兩種推手法。《楊式太極拳用法解要》中的拳架爲實腿拳架，所以大捋也爲實腿大捋；本書的拳架爲虛腿拳架，所以書中的大捋爲虛腿大捋。

在寫作手法上，本書考慮到太極拳愛好者的需要，採用「拆架子」的手法去詳細闡釋每一個動作，使讀者能較爲容易地理解和掌握楊式太極拳。

何謂「拆架子」？學習楊式太極拳套路大約分三步。

第一步是先學「跑架子」，是指練套路，學「跑架子」就是學套路。問跑了幾趟架子，就是說打了幾遍套路。

第二步是「捏架子」，是指老師給學生糾正動作。

第三步是「拆架子」，是指老師將每個動作分解開來講姿勢的要領和勁路。比如，「提手上勢」是由「右手揮琵琶」和「提手」兩勢組成的。再如，「退步跨虎」是由「跨虎勢」和「白鶴亮翅」兩勢組成的。這樣就非常容易地使初學者掌握這些動作的要領。目前，有些太極拳愛好者透過「邯鄲太極網」問楊式太極拳套路中的「白鶴亮翅」與「退步跨虎」有什麼區別，當看了本書「退步跨虎」的講解後就會一目了然了。

本書中的拳照由作者夫人何麗萍和女兒龐穎睿拍攝。

由於作者水準有限，在寫作中難免有不當之處，熱忱希望讀者不吝指正。

目　錄

第一章
楊式太極拳的形成與發展

第一節 「太和堂」藥店是
楊式太極拳形成的搖籃

說起楊式太極拳的形成，就不得不從永年「太和堂」藥店談起。因為永年「太和堂」藥店是楊式太極拳形成的搖籃，是其發展的起點。

永年「太和堂」藥店是懷慶府溫縣（現河南省溫縣）陳家溝陳氏第十二世陳繼參，於明崇禎七年在直隸省廣平府（現河北省永年縣）西大街道北創建的，門臉三間。後在路南購買焦老慶先生市房一所，裏外三院，房三十餘間，門臉三間。迄今已有 370 多年的歷史了。

當時，「太和堂」藥店的掌櫃、店員都是從懷慶府溫縣招聘過來的。他們不分掌櫃的還是店員夥計，皆練陳家溝拳，從此陳式太極拳就被帶到了直隸省廣平府永年縣。

據永年縣《衛生志》記載：在清朝，永年「太和堂」藥店與北京「同仁堂」、天津「達仁堂」齊名。

楊福魁，字祿禪（1799—1872），是廣平府永年縣閆門寨人。家境貧寒，後移居廣平府南關，與其父以售煤土、擺糧攤為生。一日，楊祿禪與其父途經「太和堂」藥

店，正遇有人在藥店內無端鬧事，祿禪停車視之，只見櫃檯內的夥計將手掌一揚，就將鬧事者擲於門外跌倒在地。楊祿禪見到這種神奇之舉，讚不絕口。由此便產生了要學這神奇之術的念頭。

他日思夜想，千方百計托人說情，苦苦哀求要到「太和堂」藥店學拳。楊祿禪癡心求學深深地打動了「太和堂」藥店的掌櫃，便答應他先在「太和堂」藥店內做雜工，閒時可跟著「太和堂」藥店掌櫃王昶學拳。此後不久，「太和堂」藥店東家陳德瑚由懷慶府陳家溝到廣平府「太和堂」藥店視察。

當時，陳德瑚已年過半百，膝下無子，見楊祿禪聰明伶俐，儀表俊秀，天真可愛，便產生了憐愛之心，又在「太和堂」藥店掌櫃王昶的撮合之下，經楊祿禪父親同意，將其收為義子。事情辦妥後，陳德瑚給祿禪父留下銀兩，帶祿禪回陳家溝。

從此楊祿禪就住在陳德瑚家南院前庭，由陳德瑚特聘陳家溝太極拳高手陳長興（1771—1853）教授楊祿禪陳家溝拳，祿禪同時跟陳德瑚學習文化（以上情況均根據「太和堂」藥店家傳「摺子」而撰寫）。

根據永年縣誌記載：「楊福同（魁），字祿禪，南關人，家貧，性和善，幼失怙恃，傭於『太和堂』藥店行為膳夫，行固河南溫縣陳家溝陳氏之業也。楊以聰明勤儉，故得主人歡，特薦之於陳家溝。」（見民國初年《永年縣誌》第186頁）

10年後，陳德瑚喜得貴子陳本格，字備三。楊祿禪已長大成人，拳藝也學有所成，於是，陳德瑚以厚禮相贈，

命祿禪返回故里。楊式太極拳就這樣在「太和堂」藥店這個搖籃的呵護下萌發和成長起來了。因祿禪念念不忘義父陳德瑚的養育之恩和長興師的授藝之情，不斷回陳家溝看望義父陳德瑚以及授藝恩師陳長興。這就是人稱「楊祿禪三下陳家溝」之美談實情。

第二節 楊式太極拳的形成

楊式太極拳是在陳式太極拳的基礎上逐漸演化而成的。

陳式太極拳原有五路拳、五路捶、一路一百單八勢長拳、一路小四套以及散手、短打、亦是短打，共十五個套路（具體參見附錄一《楊祿禪太極拳譜》）。

楊祿禪重視師承，但不拘泥於師承。他回到故里永年，在教拳實踐過程中與當地習慣相結合，根據拳勢的特點，將陳式太極拳原有的套路改為太極拳大架、太極拳中架、太極拳小架、太極拳提腿架、太極拳快架、太極四路炮捶、太極四隅捶、太極十三路炮捶、太極撩挎八卦掌、太極散手、太極一時短打（注：陳式太極拳叫「亦是短打」，楊式太極拳和武式太極拳叫「一時短打」，由方言發音不同演化而來）。其中太極拳中架有四個套路，太極拳提腿架有兩個套路，共計十五個套路。

楊祿禪經過多年的演練，根據自己的心得體會，使具有獨特風格的楊式太極拳得以形成。

楊式太極拳十五個套路的拳譜如下。

一、太極拳大架

　　預備勢、起勢、攬雀尾、單鞭、右手揮琵琶、提手勢、白鶴亮翅、左摟膝拗步、左手揮琵琶、左摟膝拗步、右摟膝拗步、左摟膝拗步、左手揮琵琶、左摟膝拗步、進步搬攔捶、如封似閉、收勢、披身十字手、抱虎歸山、攬雀尾、單鞭、肘底看捶、左倒攆猴、轉身左按、轉身右按、右倒攆猴、轉身右按、轉身左按、斜飛勢、右手揮琵琶、提手勢、白鶴亮翅、左摟膝拗步、童子抱球、海底針、扇通背、轉身撤身捶、搬攔捶、上步攬雀尾、單鞭、雲手、單鞭、高探馬、右分腳、左分腳、轉身蹬腳、踐步栽捶、翻身二起、左打虎勢、右打虎勢、右蹬腳、右雙峰貫耳、左雙峰貫耳、轉身右按、上步左按、轉身右蹬腳、搬攔捶、如封似閉、收勢、披身十字手、抱虎歸山、攬雀尾、斜單鞭、右野馬分鬃、左野馬分鬃、右野馬分鬃、攬雀尾、單鞭、玉女穿梭、攬雀尾、單鞭、雲手、單鞭、下勢、左金雞獨立、右金雞獨立、左倒攆猴、轉身左按、轉身右按、右倒攆猴、轉身右按、轉身左按、斜飛勢、右手揮琵琶、提手勢、白鶴亮翅、左摟膝拗步、海底針、扇通背、轉身白蛇吐信、搬攔捶、上步攬雀尾、單鞭、雲手、單鞭、高探馬、穿掌、單擺蓮、進步指襠捶、上步攬雀尾、單鞭、下勢、上步七星、退步跨虎、跨虎蹬山、轉身擺蓮、彎弓射虎、搬攔捶、如封似閉、收勢、披身十字手、合太極。

二、太極拳中架

預備勢、起勢、攬雀尾、單鞭、右手揮琵琶、提手勢、白鶴亮翅、左摟膝拗步、左手揮琵琶、左摟膝拗步、右摟膝拗步、左摟膝拗步、左手揮琵琶、左摟膝拗步、進步搬攔捶、如封似閉、收勢、披身十字手、抱虎歸山、攬雀尾、單鞭、肘底看捶、左倒攆猴、右倒攆猴、左倒攆猴、斜飛勢、右手揮琵琶、提手勢、白鶴亮翅、左摟膝拗步、童子抱球、海底針、扇通背、轉身撤身捶、進步搬攔捶、上步攬雀尾、單鞭、雲手、單鞭、高探馬、右分腳、左分腳、轉身左蹬腳、踐步栽捶、翻身二起、左打虎勢、右打虎勢、右蹬腳、雙峰貫耳、右蹬腳、轉身右蹬腳、進步搬攔捶、如封似閉、收勢、披身十字手、抱虎歸山、攬雀尾、斜單鞭、右野馬分鬃、左野馬分鬃、右野馬分鬃、攬雀尾、單鞭、玉女穿梭、攬雀尾、單鞭、雲手、單鞭、下勢、左金雞獨立、右金雞獨立、左倒攆猴、右倒攆猴、左倒攆猴、斜飛勢、右手揮琵琶、提手勢、白鶴亮翅、左摟膝拗步、海底針、扇通背、轉身白蛇吐信、搬攔捶、上步攬雀尾、單鞭、雲手、單鞭、高探馬、穿掌、單擺蓮、進步指襠捶、上步攬雀尾、單鞭、下勢、上步七星、退步跨虎、轉身擺蓮、彎弓射虎、進步搬攔捶、如封似閉、收勢、披身十字手、合太極。

三、太極拳小架

預備勢、起勢、攬雀尾、單鞭、右手揮琵琶、白鶴亮翅、左摟膝拗步、左手揮琵琶、左摟膝拗步、右摟膝拗

步、左摟膝拗步、左手揮琵琶、左摟膝拗步、搬攔捶、如封似閉、收勢、披身、攬雀尾、單鞭、肘底看捶、左倒攆猴、左開合、右倒攆猴、右開合、斜飛勢、提手勢、白鶴亮翅、左摟膝拗步、海底針、青龍出水、轉身撇身捶、進步搬攔捶、左開合、攬雀尾、單鞭、右雲手、右雙開合、左雲手、左雙開合、右雲手、右雙開合、左雲手、左雙開合、單鞭、高探馬、右分腳、左分腳、轉身蹬腳、踐步栽捶、翻身二起、左打虎勢、右打虎勢、右蹬腳、右雙開合、左蹬腳、左雙開合、轉身下勢、右雙開合、左蹬腳、左雙開合、雙峰貫耳、左蹬腳、左開合、搬攔捶、如封似閉、收勢、披身、攬雀尾、斜單鞭、右野馬分鬃、右雙開合、左野馬分鬃、左雙開合、右野馬分鬃、右雙開合、左玉女穿梭、左雙開合、右玉女穿梭、右雙開合、左玉女穿梭、左雙開合、右玉女穿梭、右雙開合、攬雀尾、單鞭、小雲手、單鞭、下勢、左金雞獨立、右雙開合、右金雞獨立、左雙開合、左倒攆猴、左開合、右倒攆猴、右開合、斜飛勢、提手勢、白鶴亮翅、左摟膝拗步、海底針、青龍出水、翻身撇身捶、左開合、攬雀尾、單鞭、右雲手、右雙開合、左雲手、左雙開合、右雲手、右雙開合、左雲手、左雙開合、右雲手、右雙開合、左雲手、左雙開合、單鞭、高探馬、穿掌、轉身下勢、右雙開合、單擺蓮、進步指襠捶、左開合、攬雀尾、單鞭、下勢、左開合、上步七星、退步跨虎、右蹬腳、右雙開合、左蹬腳、左雙開合、轉身下勢、右雙開合、彎弓射虎、左蹬腳、左雙開合、搬攔捶、如封似閉、收勢、披身合太極。

四、太極拳提腿架

預備勢、起勢、左提腿、攬雀尾左掤、右提腿、攬雀尾右掤、左提腿、攬雀尾捋、右提腿、攬雀尾擠、左提腿、攬雀尾捋、右提腿、攬雀尾按、左提腿、單鞭、右提腿、右手揮琵琶、右提腿、提手勢、左提腿白鶴亮翅、左摟膝拗步、右提腿、左手揮琵琶、左提腿、左摟膝拗步、右提腿、右摟膝拗步、左提腿、左摟膝拗步、右提腿、左手揮琵琶、左提腿、左摟膝拗步、右提腿搬、左提腿攔、進步捶、右提腿如封、左提腿似閉、收勢、披身十字手、右提腿、抱虎歸山、左提腿、攬雀尾左掤、右提腿、攬雀尾右掤、左提腿、攬雀尾捋、右提腿、攬雀尾擠、左提腿、攬雀尾捋、右提腿、攬雀尾按、左提腿、單鞭、右提腿、肘底看捶、左提腿、左倒攆猴、轉身左提腿按、轉身右提腿按、右提腿、右倒攆猴、轉身右提腿按、轉身左提腿按、右提腿、斜飛勢、右提腿、右手揮琵琶、右提腿、提手勢、左提腿白鶴亮翅、左摟膝拗步、轉身右提腿、童子抱球、轉身海底針、左提腿、扇通背、轉身右提腿、撇身捶、右提腿搬、左提腿攔、進步捶、右提腿、攬雀尾右掤、左提腿、攬雀尾捋、右提腿、攬雀尾擠、左提腿、攬雀尾捋、右提腿、攬雀尾按、左提腿、單鞭、左提腿、左雲手、右提腿、右雲手、左提腿、左雲手、右提腿、右雲手、左提腿、左雲手、右提腿、右雲手、左提腿、單鞭、左提腿高探馬、右提腿、右分腳、左提腿、左分腳、左提腿轉身蹬腳、踐步栽捶、翻身二起、左提腿、左打虎勢、右提腿、右打虎勢、右提腿蹬腳、右提腿、雙峰貫耳、右

提腿蹬腳、左提腿轉身、右提腿蹬腳、右提腿搬、左提腿
攔、進步捶、右提腿如封、左提腿似閉、收勢、披身十字
手、右提腿、抱虎歸山、左提腿、攬雀尾左掤、右提腿、
攬雀尾右掤、左提腿、攬雀尾挒、右提腿、攬雀尾擠、左
提腿、攬雀尾挒、右提腿、攬雀尾按、左提腿、斜單鞭、
右提腿、右野馬分鬃、左提腿、左野馬分鬃、右提腿、右
野馬分鬃、左提腿、攬雀尾左掤、右提腿、攬雀尾右掤、
左提腿、攬雀尾挒、右提腿、攬雀尾擠、左提腿、攬雀尾
挒、右提腿、攬雀尾按、左提腿、單鞭、右提腿、對心
掌、左提腿、左玉女穿梭、轉身右提腿、右玉女穿梭、左
提腿、左玉女穿梭、轉身右提腿、右玉女穿梭、左提腿、
攬雀尾左掤、右提腿、攬雀尾右掤、左提腿、攬雀尾挒、
右提腿、攬雀尾擠、左提腿、攬雀尾挒、右提腿、攬雀尾
按、左提腿、單鞭、左提腿、左雲手、右提腿、右雲手、
左提腿、左雲手、右提腿、右雲手、左提腿、左雲手、右
提腿、右雲手、左提腿、單鞭、下勢、右提腿右金雞獨
立、左提腿左金雞獨立、左倒攆猴、轉身左提腿按、轉身
右提腿按、右提腿、右倒攆猴、轉身右提腿按、轉身左提
腿按、右提腿、斜飛勢、右提腿、右手揮琵琶、右提腿、
提手勢、左提腿白鶴亮翅、左摟膝拗步、海底針、左提
腿、扇通背、轉身右提腿、白蛇吐信、右提腿搬、左提腿
攔、進步捶、右提腿、攬雀尾右掤、左提腿、攬雀尾挒、
右提腿、攬雀尾擠、左提腿、攬雀尾挒、右提腿、攬雀尾
按、左提腿、單鞭、左提腿、左雲手、右提腿、右雲手、
左提腿、左雲手、右提腿、右雲手、左提腿、左雲手、右
提腿、右雲手、左提腿、單鞭、左提腿高探馬、上步穿

掌、轉身右提腿單擺蓮、右提腿、進步指襠捶、右提腿、攬雀尾右掤、左提腿、攬雀尾捋、右提腿、攬雀尾擠、左提腿、攬雀尾捋、右提腿、攬雀尾按、左提腿、單鞭、下勢、上步七星、退步跨虎、轉身擺蓮、右提腿、彎弓射虎、右提腿搬、左提腿攔、進步捶、右提腿如封、左提腿似閉、收勢、披身十字手、合太極。

五、太極拳快架

預備勢、攬雀尾、單鞭、右手揮琵琶、提手勢、白鶴亮翅、左摟膝拗步、左手揮琵琶、左摟膝拗步、右摟膝拗步、左摟膝拗步、左手揮琵琶、左摟膝拗步、進步搬攔捶、如封似閉、十字手、收勢、攬雀尾、單鞭、古樹盤根、肘底看捶、左倒攆猴、轉身左按、轉身右按、右倒攆猴、轉身右按、轉身左按、斜飛勢、右手揮琵琶、提手勢、白鶴亮翅、左摟膝拗步、童子抱球、海底針、扇通背、轉身撇身捶、搬攔捶、上步攬雀尾、單鞭、小雲手、單鞭、高探馬、右分腳、左分腳、轉身蹬腳、踐步栽捶、翻身二起、左打虎勢、右打虎勢、右蹬腳、右雙峰貫耳、左雙峰貫耳、轉身右按、左按、轉身右蹬腳、左蹬腳、搬攔捶、如封似閉、十字手、收勢、攬雀尾、斜單鞭、右野馬分鬃、左野馬分鬃、右野馬分鬃、攬雀尾、單鞭、玉女穿梭、攬雀尾、單鞭、中雲手、單鞭、下勢、右金雞獨立、左金雞獨立、左倒攆猴、右插手、右倒攆猴、左插手、左倒攆猴、右插手、斜飛勢、右手揮琵琶、提手勢、白鶴亮翅、左摟膝拗步、海底針、扇通背、轉身白蛇吐信、搬攔捶、上步攬雀尾、單鞭、大雲手、單鞭、高探馬、穿

掌、單擺蓮、進步指襠捶、上步攬雀尾、單鞭、下勢、上步七星、退步跨虎、跨虎蹬山、古樹盤根、雙擺蓮、彎弓射虎、搬攔捶、如封似閉、十字手、披身合太極。

六、太極四隅捶

預備勢、轉身沖天炮（艮）、轉身栽捶（坤）、轉身平心捶（巽）、轉身指襠捶（乾）、合太極。（分大架、中架、提腿架、快架）

七、太極四路炮捶

預備勢、雙栽捶（離、震、兌、離、坎、兌、震、坎、離）、飛仙掌（離、震、兌、離、坎、兌、震、坎、離）、飛仙捶（離、震、兌、離、坎、兌、震、坎、離）、撩挎捶（離、震、兌、離、坎、兌、震、坎、離）、大鵬展翅（離、震、兌、離、坎、兌、震、坎、離）、童子抱球（離、震、兌、離、坎、兌、震、坎、離）、合太極。

八、太極十三路炮捶

預備勢、金剛搗碓、前打白蛇吐信、後打老龍翻身，左打鳳凰展翅、右打金雞鬥翎、上打插花蓋頂、下打古樹盤根、合太極。

九、太極掌　即撩挎八卦掌

無極掌（走無極圈，纏絲），太極掌（走太極圖，纏絲），九宮掌（穿洛書，以外穿內，穿法有四：一，1、2、3、4、6、7、8、9；二，9、8、7、6、4、3、2、1；

三，1、4、7、8、2、3、6、9；四，9、6、3、2、8、7、4、1。以上四法5居其中，纏絲），撩挎八卦掌（掌擊四正，臂撩挎四隅，合即撩挎八卦掌，以內擊外，纏絲。撩挎法：1.右臂撩挎坤，左掌擊離；2.左臂撩挎巽，右掌擊離；3.右臂撩挎乾，左掌擊兌；4.左臂撩挎坤，右掌擊兌；5.右臂撩挎艮，左掌擊坎；6.左臂撩挎乾，右掌擊坎；7.右臂撩挎巽，左掌擊震；8.左臂撩挎艮，右掌擊震。此為順八掌，反之為逆八掌，共十六掌）。

十、太極散手

上手：上步捶、上步攔捶、上步左靠、左打肘、左劈身捶、撤步左打虎、提手上勢、拆疊劈身捶、橫捌手、右打虎（下勢）、上步左靠、雙分蹬腳（退步跨虎）、上步採捌、左掤右劈捶、左靠、轉身按（将按）、雙按、單推（右臂）、順勢按、化推、採捌、右打虎、上步左靠、雙分靠（換步）、打右肘、退步化、轉身上步靠、轉身（換步）右分腳、轉身（換步）左分腳、換手右靠、上步左攬雀尾、上步右攬雀尾、右開（掤勢）、上步高探馬（下蹬腳）、轉身擺蓮、刁手蛇身下勢、左打虎、倒攆猴（一）、倒攆猴（二）、倒攆猴（三）（撲面）、海底針、手揮琵琶、轉身單鞭、十字手。

下手：提手上勢、搬捶、右打虎、右推、右靠、右劈身捶、轉身按、搬捶（開勢）、左（換步）野馬分鬃、轉身撤步将、轉身按、指襠捶、換步右穿梭、白鶴亮翅（蹬腳）、撤步撅臀、雙峰貫耳、下勢搬捶、右搓臂、化打右掌、化打右肘、換步撅、轉身撤步将、回擠、轉身左靠

21

（換步）、轉身金雞獨立、蹬腳、撅左臂、雙分右摟膝、雙分左摟膝、回右靠、右雲手、左雲手、側身撇身捶、白鶴亮翅（下套腿上閃）、左斜飛勢、右斜飛勢、轉身撇身捶、左閃（上步）、右閃、上步七星、扇通背、彎弓射虎、肘底捶、抱虎歸山。

十一、太極一時短打

迎面飛仙掌、順手飛仙掌、推心掌、推面掌、橫攔肘、裏栓肘、穿心肘、左採手、右採手、裏靠、外靠、十字靠、七星靠、鐵身靠、格手倘風、雙風打耳、火焰鑽心、袖裏一點紅、十字跌、沖天炮、推肘跌、軟手提炮、拗抒搠打、裏邊炮、底驚高取、不遮不架、霸王開弓、朝天一炷香、玉女捧盒、掐指尋父、桓侯擂鼓、童子拜觀音、裏丟手、斬手、閉門鐵扇子、單鑾炮、前手順前腳往裏跌、沖天炮、左手順左腳往上沖打、單鞭救主、打胳膊肚裏與胳膊根。

楊祿禪對陳式太極拳套路的重新修正、演化的原因有二：

一就是他經過多年演練心有所得，但主要的原因還是受其恩師陳長興的影響。楊祿禪跟陳長興學拳時正是陳式太極拳發展的又一個高潮期，這個高潮比以往的高潮都顯得更為活躍。這個高潮使陳式太極拳一分為二：大圈架太極拳和小圈架太極拳。後來人們習慣將大圈架太極拳稱為大架太極拳，而小圈架太極拳同時也就被稱為小架太極拳了。陳式太極拳在沒有分大架和小架時，人們習慣將此拳稱為陳溝拳。當陳式太極拳分成大架和小架時，人們又將

此拳稱為村南拳和村北拳。大架太極拳稱為村南拳，小架太極拳稱為村北拳。

大架太極拳的代表人物是陳長興，小架太極拳的代表人物是陳有恆、陳有本。陳式太極拳的演化對楊式太極拳的形成有著很大的影響。

第三節　楊式太極拳的練法

楊式太極拳有一系列的內容，要想瞭解它、學習它、研究它，那你就要全面地掌握它。如果你想利用太極拳鍛鍊身體，學一個中架就完全可以了。

楊式太極拳的學習程式是先學中架，再學提腿架、大架、快架、散手、一時短打。在中架學好後，四隅捶、四路炮捶、十三路炮捶、撩挎八卦掌即可和其他架子穿插著學，最後學習小架。

一、太極拳中架

姿勢高低、幅度適中，故稱中架子，是初學太極拳的入門架子。該拳架分為陰手陰腿、陰手陽腿、陽手陽腿、陽手陰腿四個拳架（現在在社會上流傳的大都是楊澄甫先生簡化定型的陽手陽腿和陽手陰腿拳架，也就是人們常說的虛腿拳架和實腿拳架）。

不管是陰腿陽手還是陽腿陰手，除練習周身一家和將各種身法要領練到身上之外，主要都是練習「纏絲」，給練習「背絲扣」打基礎。

應該知道，區分太極拳和其他拳種的主要依據就是看練的拳中是否有「纏絲」和「背絲扣」。

楊式太極拳中架還有一層意思就是練圓，即練平圓。圓在卦象上是指天，也就是乾。在練習時，先求形似，後求神似。在手、眼、身、步皆能合度的基礎上，做到圓活連貫、上下相隨、由鬆入柔、運柔成剛，漸至輕靈不浮、沉穩不僵。加之推手練習，在實戰中主要用於中盤。

整個套路除比當今流傳的楊澄甫定型拳架多一個踐步栽捶、二起腳外，其他拳勢、順序基本接近。速度較慢，每遍 15 分鐘左右。

二、太極拳提腿架

拳勢順序與中架相同，姿勢要求比中架略低，步子稍大。在每勢運動時，不可忽高忽低，但在每一個姿勢完成後加一個提腿，故稱提腿架。

提腿架有兩種練法，也可以說是兩個架子。一個是側重實戰應用的，一個是練習「提放術」（即太極拳的一種內功）的。

提腿的具體要求是：一條腿直立起來，另一條腿屈膝上提，提得越高越好，腳同時要有向前踢或蹬之意，在實戰中主要用於上盤；然後，直立的腿下蹲，另一條腿伸出去做下一勢動作。

提腿架比中架增加了八十多個提腿動作，使腿產生巨大的摧毀力，在技擊中一旦被腿擊中，對方不亡即傷，故太極拳有「傳上不傳下」（注：這是邯鄲當地太極拳門裏的土話，指傳手上的用法和練法，不傳腿上的用法和練

法。提腿架主要是練腿上的用法，一般不外傳）之說，能得到其傳者甚少。

楊式太極拳提腿架還有一層意思就是練方，即練立方。方在卦象上是指地，也就是坤。中架的圓為天為乾，提腿架的方為地為坤，這就是一對陰陽，陰陽即為太極，這是拳架與拳架而言。

此拳架還有一層意思，就是著重練習太極樁功，即太極活樁，以增強氣力，體用兼備。配合專門的呼吸鍛鍊，就是太極「提放術」。「提放術」的健身效果尤佳，堅持鍛鍊可舒筋活血，順氣通絡，調節陰陽，祛病延年。因速度較慢，每遍 25 分鐘左右。

三、太極拳大架

是在提腿架基礎上進一步提高功力的拳架。其特點與提腿架相近，但每勢完成後不提腿，而都是跟步，使兩條腿當一條腿用。步子和動作幅度比提腿架更大一些，故稱大架。

在練習時，弓步坐腿，臀部均低於膝，進退都要求在一條腿下蹲的情況下，將另一腿先收回，再仆步伸出。這樣勢必增加活動量，故此架便於提高功力，在實戰中主要用於下盤。由於不斷以仆步往來、旋轉，因而可以在方桌甚至高凳下往返穿越。其難度之高，於此可見端倪。

此拳架還有一層意思就是練圓，是練立圓。中架是練平圓，大架是練立圓，平圓和立圓就構成了立體圓。再具體些說，就是無極一變是太極，太極一變是纏絲，纏絲一變是背絲扣，由纏絲變背絲扣即太極拳。大架因吃功夫，

一般每遍6分鐘左右，但功夫越深速度越慢。

四、太極拳快架

動作名稱、順序與中架相似，是在中架、提腿架、大架具有相當基礎之後，為增加功力而深入練習上盤、中盤、下盤綜合運用的拳架。此架一直秘不外傳，僅傳入門弟子。其特點是速度快，姿勢低，步子比中架要大。全套要在3分鐘內一氣呵成，故稱快架。

因架勢既低又快，姿勢與中架、提腿架、大架有明顯的區別，可以在實戰中用任何一勢封住對方上中下三盤的進攻，也可以用任何一勢擊打對方上中下三盤，因此在演練時，除整體動作較快之外，很多動作定式時要帶發勁。據說，楊班侯在打四隅捶時，四捶聽起來是一個聲音，看起來使人眼花繚亂，目不暇接。

此架難度較大，長功較快，實用性強。即使中架、提腿架、大架功底較好，初學者也難以較快適應。必須先分段練習，隨著功力增長，漸至一氣呵成。此拳架功夫越深，速度越快。

楊式太極拳快架還有一層意思就是練方，即練平方。提腿架練的是立方，快架練的是平方，平方和立方就構成了立體方。

楊式太極拳的學習程式就是先學中架，中架練的是圓；再練提腿架，提腿架練的是方；然後再練大架，大架又是練圓；接著再練快架，快架又是練方。這一平圓一立方，一立圓一平方相互交織在一起，形成了陰中有陽、陽中有陰、陰不離陽、陽不離陰的太極功夫。

五、太極散手

分上手和下手、單人練和雙人對練，是在掌握了中架、提腿架、大架、快架的基礎上用於實戰訓練的一個套路。在練習時可以體會到太極拳獨有的沾連黏隨、不丟不頂、纏絲、背絲扣、上下、開合、進退、領落、迎敵等太極諸多功夫。

散手像推手一樣，只要掌握了中架以後就可以練推手，推手是練聽勁、懂勁、引勁、化勁、拿勁、發勁等諸多勁路的一層功夫，但在實戰中尚不能運用自如。

散手是練具有中架、提腿架、大架、快架、推手的功夫之後，在實戰應用中的一層功夫。

六、太極一時短打

主要是一人單練，也可以兩人對練。因出手剛猛，兩人對練很容易失手傷人，一般不主張對練，但要求會練。一時短打是在太極推手、太極散手的基礎上的又一層功夫。只要太極推手、太極散手這兩層功夫缺一，一時短打也是練不成的，就像上學那樣，沒有學加減法，就想學乘除法一樣，無論如何是學不成的。即便學了幾式一時短打的動作，那也只是幾個招勢而已。

一時短打講究一手出三手，手手帶暗藏，這正符合「道生一、一生二、二生三、三生萬物」的理論，同時也是「無極生太極，太極生兩儀，兩儀生四象，四象生八卦」的具體體現。

學習太極一時短打，必須是在有一定的太極推手、太

極散手的基礎上才能夠學有所成。楊式太極拳的「一時短打」名稱是在陳式太極拳的「亦是短打」的名稱上演化而成的。

七、太極四隅捶

亦稱太極四玉捶。顧名思義，四隅捶就是四角捶，就是打的四個隅角。四隅捶有四種練法，一是中架四隅捶，二是提腿架四隅捶，三是大架四隅捶，四是快架四隅捶。它們既可以每個架單獨練習，也可以將四個拳架串起來一氣呵成。

為了便於練習，楊式太極拳第四代傳人林金聲（1913—1988），將這四個四隅捶分別放進了太極拳中架、太極拳提腿架、太極拳大架、太極拳快架中。捶架子是練掌、拳的爆發力，增強腰、腿的靈活性和提高實戰能力的。林金聲先生說：「只要功夫到家，掌就是刀，拳就是捶，無堅不摧，分筋挫骨，無一不能。」

八、太極撩挎八卦掌

它在太極拳中佔有非常重要的地位，為太極掌的第四掌。太極掌的第一掌是無極掌，第二掌是太極掌，第三掌是九宮掌，第四掌是撩挎八卦掌。太極掌的功用，一是練身法、步法、手法、眼法，二是練纏絲、背絲扣、迎敵。撩挎八卦掌在太極丹田功中為第五套。

撩挎八卦掌可以單練，一是練纏絲，二是練背絲扣，三是練發勁，四是練招勢，五是練左騰挪、右閃戰。

九、太極四路炮捶

它在太極拳中也佔有十分重要的地位，亦有人將其與四隅捶統稱為太極八卦捶。四隅捶打的是四隅角，四路炮捶打的是四正方，合二為一是八方，即八卦，故稱八卦捶。四路炮捶在太極丹田功中為第六套。

四路炮捶主要是單練，一是練纏絲，二是練背絲扣，三是練上下，四是練開合，五是練領落。

十、太極十三路炮捶

它在太極拳中同樣也佔有很重要的地位，包含了四隅捶、撩挎八卦掌、四路炮捶，是四隅捶、撩挎八卦掌、四路炮捶的一個總和，但不能代替四隅捶、撩挎八卦掌和四路炮捶。十三路炮捶在太極丹田功中為第七套。

十三路炮捶以單練為主，主要是練腳手並用。十三路是腳踢四正方、手擊四隅角、上打、下掃、左騰挪、右閃戰、中定。十三路炮捶的名稱就將其概括為前打白蛇吐信，後打老龍翻身，左打鳳凰展翅，右打金雞鬥翎，上打插花蓋頂，下打古樹盤根。

十一、太極拳小架

它是繼以上拳架之後更高層次的拳架。其特點是姿勢高、速度慢、動作幅度小，故稱小架。整個套路可在八仙桌上演練，故有「拳打臥牛之地」之說。其名稱順序雖然與中架接近，但從中增加了六十多個開合動作，每遍拳架約 30 分鐘練完。

整個套路中兩手掌始終似抱球運動，不帶發勁，從表面看，似乎回到比中架更高更慢的狀態，然其內涵卻有質的飛躍，使太極十三勢在此拳架中前後穿插練習，一旦功力成就、技法嫻熟，由此可進入練神還虛的階段，亦即由抬功、勁功進入氣功階段，真正將陰陽、剛柔、虛實、動靜、蓄發、體用合為一體，乃至無形無象、全身透空、肅靜自然之境，架子雖小，仍可鞏固加深原有功力，健身效果更屬上乘。故此，該架被歷代傳人視為珍寶，即使是拜門弟子也要嚴格擇人而傳。

第四節　楊式太極拳的發展

自楊祿禪到北京授拳後，太極拳就以其深厚的文化底蘊、精湛的技擊方法、明顯的健身功效逐漸得到社會的認可。上至達官貴人、下至平民百姓，對太極拳都能接受，這些優勢給太極拳日後的發展奠定了良好的基礎。

楊式太極拳由楊祿禪創新形成後花開兩枝，一支以楊班侯為代表，一支以楊健侯為代表。

楊健侯這一支派又是花開兩枝。一支以楊少侯為代表，繼承著楊式太極拳的傳統系列拳架向下傳承，具體的脈絡不詳。另一支以楊澄甫為代表，在繼承的基礎上，根據社會發展的需要，對傳統的楊式太極拳進行簡化發展，現在在社會上流傳的太極拳套路大多是楊澄甫所簡化定型的套路。

一、楊班侯這一支派對楊式太極拳
的發展

楊班侯先生有一個時期是以授拳為業，所以他的學生、徒弟不勝枚舉，有很多徒弟在楊式太極拳的發展方面作出了突出的貢獻，因文章的篇幅有限，不能一一列舉。

現將能代表楊班侯這一支派發展的李萬成、吳全佑二先生作一介紹。

李萬成先生是楊班侯先生的得意門生，他繼承了楊式太極拳的大架太極拳、中架太極拳、小架太極拳、快架太極拳、提腿架太極拳、太極四隅捶、太極四路炮捶、太極十三路炮捶、太極撩挎八卦掌、太極散手、太極一時短打、太極點穴、太極抓筋、太極拿脈、太極挫骨、太極丹田功及太極器械等。目前，演練楊式太極拳傳統套路的大都是他一脈相傳。

吳全佑先生也是楊班侯門生中的佼佼者，他繼承了楊式太極拳的一個中架太極拳和快架太極拳，因得真傳，造詣精深，後自成一派，即世人公認的吳式太極拳，成為國家五大太極拳流派的重要一支。

吳式太極拳將「中架太極拳」稱為「慢架子」，將「快架太極拳」稱為「快架子」。「至今吳式太極拳除慢架子之外，尚保留傳統套路快架子。」（吳英華、馬岳梁編著：《吳式太極快拳》，河南科學技術出版社，1987年）因楊式太極拳中架是練圓，所以有人就將吳式太極拳慢架子稱為圓架太極拳。又因楊式太極拳快架是練方，故又有人將吳式太極拳快架稱為方架太極拳。

李萬成先生傳承著楊式太極拳的傳統套路，吳全佑先生獨樹一幟，自成一派，但他們同樣都是楊式太極拳的繼承者、弘揚者和發展者。

二、楊健侯這一支派對楊式太極拳的發展

楊健侯先生一生一直以授拳為業，可稱得上是桃李滿天下。從他門下出來的太極高手不計其數，這些太極高手日後在楊式太極拳的發展方面貢獻頗大。

現將能代表楊健侯這一支派發展的楊少侯、楊澄甫二先生作一介紹。

楊少侯先生是楊健侯先生的長子，他繼承了楊式太極拳的太極拳大架、太極拳中架、太極拳小架、太極拳快架、太極拳提腿架、太極四隅捶、太極四路炮捶、太極十三路炮捶、太極撩挎八卦掌、太極散手、太極一時短打、太極點穴、太極抓筋、太極拿脈、太極挫骨、太極丹田功及太極器械等。

目前，經常在一些武術雜誌上看到老拳師們談到少侯先生打大架和快架的情況。同時在 20 世紀 70 年代我學拳的時候，也經常聽到少侯先生家鄉的老拳師們講他練拳和教拳的故事。傳說少侯先生的脾氣非常暴躁，經常將學生打跑。但他的太極拳傳人的資料就不太清楚了。

楊澄甫先生是楊健侯先生的季子，他在繼承楊式太極拳傳統套路的基礎上，根據社會發展的需要，將楊式太極拳傳統套路的十五個拳架簡化為五個，同時又將套路中的高難度動作刪去，使之成為老少皆宜的拳術，受眾群體更

廣，影響更大。

三、楊澄甫先生對楊式太極拳的發展

楊澄甫先生根據社會發展的需要，與時俱進，將楊式
太極拳傳統系列拳架的十五個套路簡化定型為五個套路
（以下將楊式太極拳老架稱為傳統套路；楊澄甫定型的太
極拳拳架稱為定型套路）門內人將其稱為「老五路」。

他簡化定型的五個太極拳套路的名稱分別為：八十五
式太極拳（兩個套路）、三十七式太極拳、太極長拳、太
極散手。其中，八十五式太極拳蘊涵著八門、五步，八門
即八卦，五步即五行，八五十三即太極十三勢。又因其由
八十五式構成，每式冠以名稱，所以人們也習慣將其稱為
八五式太極拳。

八十五式太極拳為兩個套路，一個陰腿拳架，一個陽
腿拳架，人們常將其稱為一個實腿拳架、一個虛腿拳架。
由於散手分上手和下手，既能單人練習也可以兩人對練，
所以有人把散手叫做兩路，這樣五路拳就變成了六路拳
了，故又有人將楊澄甫定型的太極系列拳架稱為「老六
路」。目前，在社會上流傳的楊式太極拳套路大都是楊澄
甫的定型拳架。

關於定型系列拳架的學習順序，楊澄甫在《太極拳之
練習談》中是這樣說的：學習「太極拳之程式，先練拳架
（屬於徒手），如太極拳，太極長拳；其次單手推挽，原
地推手，大捋，散手」。拳架包括一個實腿拳架、一個虛
腿拳架和三十七式，將這三個拳架學好後，再練太極長
拳，將以上四個拳架練好後，把單手推挽、原地推手、大

抒練熟，最後學習散手。

楊澄甫所定型的系列拳架是在楊式太極拳傳統系列拳架的基礎上簡化而來的，其具體簡化的地方簡述如下，供研究者參考。

八十五式太極拳是根據楊式太極拳傳統中架的兩個陽手拳架簡化定型的。這兩個陽手拳架舒展大方，大開大合，易學易練，要領易於掌握。兩個陽手架的主要區別是在腿上，一個是陰腿，一個是陽腿。陰腿架主要是練「固」勁，陽腿架主要是練「蕩」勁。

兩個定型拳架與傳統的兩個陽手拳架的區別有以下幾點：

1. 定型拳架中陽腿架的攬雀尾與傳統拳架中陽腿架的攬雀尾動作完全相同；定型拳架中陰腿架的攬雀尾與傳統拳架中陰腿架的攬雀尾上肢的動作相同，下肢的動作不同。傳統拳架中攬雀尾右掤時右腳向前上一步；捋時右腳收回來；擠時右腳向前再邁出去；兩手分開向回平抹時右腳再收回來；按時右腳再邁出去，有人稱其為「活步攬雀尾」。楊澄甫借鑒了陽腿拳架的攬雀尾，將定型拳架中陰腿拳架的攬雀尾也改為「定步攬雀尾」。

2. 定型拳架中陽腿架的如封似閉動作與傳統拳架中陽腿架的如封似閉動作完全相同；定型拳架中陰腿架的如封似閉與傳統拳架中陰腿架的如封似閉上肢的動作相同，下肢的動作不同。

傳統拳架做如封時左腳回收，做似閉時左腳再邁出去，故也將其稱為「活步如封似閉」。楊澄甫借鑒了陽腿拳架的如封似閉，將定型拳架中的陰腿拳架的如封似閉也

改為「定步如封似閉」。

3. 傳統拳架中兩個海底針的動作不同，第一個海底針動作前帶童子抱球，第二個海底針動作前不帶童子抱球。楊澄甫在定型拳架中將童子抱球刪去，使前後兩個海底針的動作相同。

4. 傳統拳架中的分腳、蹬腳動作都要求速度快，用勁猛，動作要帶風聲。楊澄甫在定型拳架中將分腳、蹬腳動作改為速度均勻、用勁柔和，有飄飄然之感。

5. 傳統拳架中的踐步栽捶，楊澄甫在定型拳架中改為左摟膝拗步、右摟膝拗步、進步栽捶。

6. 傳統拳架中的翻身二起、左打虎勢，楊澄甫在定型拳架中改為翻身撤身捶、進步搬攔捶、右蹬腳、左打虎勢。

7. 傳統拳架中的單擺蓮，楊澄甫在定型拳架中改為十字腿。

楊澄甫在修改過程中將陰腿、陽腿兩個拳架除攬雀尾左掤有所不同之外，其他的上肢動作完全相同。這為定型拳架在日後的發展打下了良好的基礎。

三十七式太極拳，顧名思義，是由三十七個式子組成。它包含了四隅捶，四路炮捶，撩挎八卦掌，十三路炮捶的纏絲、背絲扣、上下、進退、領落等十三勢。它是由八十五式太極拳中的 37 個不重複動作組成，是一個由慢向快過渡的套路，既可以慢練，也可以快練。

關於這個套路的用法，楊澄甫在 1931 年出版的《太極拳使用法》一書中以照片對練的形式公開。筆者於 1998 年在拙著《楊式太極拳用法解要》中將這個套路的單練、對練一併公開。

太極長拳是由楊澄甫根據傳統太極拳快架簡化定型的。原傳統太極拳快架有一百多式，簡化為七十餘式，同時也參照八十五式太極拳的簡化方式對一些高難度的動作進行了一系列的簡化定型。

楊澄甫先生對太極散手沒有加以改動，所以定型系列拳架中的太極散手與傳統系列的太極散手完全相同。

經過楊家三代的不懈努力，使楊式太極拳由形成到發展，豐富了中國的文化寶庫。楊式太極拳傳統系列拳架和簡化定型系列拳架並駕齊驅，造福人類。尤其值得一提的是，根據楊式太極拳定型系列拳架的虛腿拳架，國家體委於 1956 年組織編排了「二十四式簡化太極拳」，國家體委武術科於 1957 年組織專家編排了「八十八式太極拳」，將楊式太極拳的發展推向了高潮。

第五節　楊式太極拳的主要傳承

楊式太極拳的主要傳承，在這裏是指由陳式太極拳系列拳架演化成的楊祿禪太極拳系列拳架的主要傳承。在社會上，有很多掌握系列拳架的支派因受門規的約束或是保守思想的束縛，在不顯山、不漏水地默默向下傳承。

2000 年，新加坡的太極拳友王黎曼先生在電話中對我說，雪梨有一個朋友也掌握了楊式太極拳系列拳架。聽說後我非常高興，但高興之餘不免也有些茫然。因在國內都很少有人能全面地掌握楊式太極拳系列拳架，即使是跟在師父身邊的徒弟也是很少有人能全部掌握的東西，怎麼能

傳到國外呢？

　　拳架不是師父不教，關鍵是系列拳架不算輔助的功夫，它本身就有十五個套路，其中有的套路難度又很高，別說沒有機會學，就是有機會學，也很少有人能堅持學完整，所以，傳到國外確實令人疑惑不解。

　　黎曼先生與我通話後不久就給我寄來了一張光碟，當我看完光碟後，喜出望外。「不錯！不錯！就是我們同門裏的東西。」我感慨地自言自語道。同時還有一封信，信中介紹了這位朋友的師承，但他的師爺是跟誰學的就搞不清楚了。在信中他透過黎曼先生委託我幫他瞭解他師爺的師承。

　　他提供的唯一的線索就是師爺姓傅，在 20 世紀 70 年代「文革」期間因種種原因去了國外，出國前在邯鄲居住過。傅老先生對政治非常敏感，從不談起他的身世，非常忌諱人們問他的經歷，即便是師承和學拳的往事也從不提起，所以沒有人知道他的過去。同時，還附上了傅老先生的一張照片。因受朋友之托，我帶著傅老先生的照片，專程到楊式太極拳的發祥地永年找到了一些上了年紀的老拳師訪問，但一無所獲。

　　後來，我以邯鄲市太極拳學會的名義，將一些太極拳老拳師請到一起開了一次專題會，會上把信讀給大家聽，照片拿給大家看，讓大家仔細回憶，認真討論，但同樣也是毫無收穫。這件事啟發了我，有很多人只是愛好太極拳，自己學，自己練，不為名，不為利，默默地向下傳承，不以授拳為業，從不對外張揚，可能這就是武林中說的人外有人，天外有天吧！總之，確實在我們身邊有很多

高手，只是我們不知道罷了。

筆者希望世界各地楊式太極拳的分支能取得聯繫，互相交流、互相學習，攜起手來共同將楊式太極拳系列拳架這一民族寶貴的文化遺產發揚光大，造福人類。

第二章
楊式太極拳的基本要領

第一節　手　型

楊式太極拳的基本手型分掌、拳、勾三種。

1.掌

楊式太極拳對掌的要求是：五指自然伸展，互不靠近，但也不要太開，以手掌寬為度；大拇指自然鬆弛，虎口自然圓開；掌心不要太凹或太張，以自然舒適為度；中指領勁，用意不用力。

2.拳

楊式太極拳拳的握法是：四指併攏，一起向內捲屈，手指肚貼於掌心，大拇指扣住中指，腕部不可外仰或內勾。拳不宜太緊或太鬆，應以自然握實為度。

3.勾

楊式太極拳勾手（亦稱吊手）的做法是：手指尖朝下，輕輕捏合在一起，手心圓空，手向內勾，腕部自然凸起，但不要用力。

第二節 步 型

楊式太極拳的基本步型分為開立步、弓步、虛實步、側弓步、仆步、獨立步六種。

1. 開立步

楊式太極拳開立步的具體要求是：兩腳平行站立，距離與肩同寬，腳尖朝前，兩個肩井穴與兩個湧泉穴成兩條直線；百會穴與會陰穴成一條直線，兩腿微屈，不要用力。

2. 弓步

楊式太極拳弓步的具體要求是：先坐實一腿，另一腿向前邁出，先以腳跟著地，隨著身體重心向前移而使全腳踏實，弓腿之膝不可超過腳尖，蹬腿的腳掌和腳跟要全部著地，腿也不可蹬得太直。

凡弓步，都要以弓腿為實，蹬腿為虛。

3. 虛實步

楊式太極拳虛實步的具體要求是：虛實分清，實步為全腳掌著地，全身坐實，承擔體重的 70%。虛步為腳尖或腳跟著地，承擔體重的 30%。拳論云：「實非全然站煞，實中有虛。虛非全然無力，虛中有實。」

4. 側弓步

楊式太極拳側弓步的具體做法是：一腳內扣，一腳外

撇，兩腳成丁八字，坐實一腿，另一腿向前邁出，先以腳跟著地，隨著重心前移而使全腳踏實，弓腿之腳內扣，蹬腿之腳外撇。

5.仆步

楊式太極拳仆步的具體要求是：右腳外撇，重心後移，周身骨節均需鬆開，使身體重心向下坐，兩腳掌著力，左腿不要伸得太直，左腳尖不可翹起，右腳跟不要離地。

6.獨立步

楊式太極拳獨立步的具體做法是：一腿站立，不可挺得太直，另一腿屈膝提起，小腿下垂，腳尖向前。

第三節　軀　幹

軀幹的形態也稱為身形。身法在楊式太極拳中起著決定性的作用。「身」在這裏是指人的頭、肩、胸、臀、腰五個部位。

1.頭

頭部包括眼、耳、嘴和頭部的形態。眼在楊式太極拳中是十分講究的。楊澄甫說：「目光雖然向前平視，有時當隨身法而轉移，其視線雖屬空虛亦為變化中一緊要之動作，而補身法之不足。」耳聽前後左右，嘴微閉，齒輕合，頷微內收，頸部自然鬆舒，顯示出精神振作又穩健含

蓄。對頭部姿態的要求可概括為「虛領頂勁」四個字,意思是頭宜正直,不可前俯後仰,也不可左右歪斜,轉動時要自然平正。

2.肩

對肩、臂的要求是沉肩墜肘。它是指練拳的時候肩關節要鬆沉靈活,不可聳起,也不可前扣或後張。肘要下墜,自然彎曲,不可僵直,結合沉肩做到肘不貼肋,肘不離肋,使手臂仍有圓轉鬆活之意。

3.胸

對胸部的要求是含胸拔背。練拳時胸不可前挺,要明顯內收,而且鬆舒自然,拔背是脊椎有放鬆拔長之意。胸背部肌肉有自然鬆落之感,能含胸則能拔背,做到體態中正安舒。

4.臀

臀部要收斂,不可凸出或者左右搖擺。具體要求是:臀部內收,腰脊意向下,尾骨向上翻,小腹鬆舒自然。

5.腰

對腰部的要求是鬆、沉、直。「鬆」是為了氣沉丹田和轉動靈活;「沉」是為了氣不上浮,下肢穩定有力;「直」是腰椎後撐,使脊柱節節鬆舒,上下拔長,轉動時能夠保持中正安舒。拳論云:「命意源頭在腰隙。」「有不得機勢處,其病必於腰腿求之。」故鬆腰是練拳的關鍵要領。

第三章
楊式太極拳八十五式虛腿拳架

第一節　拳式名稱

第 一 式	預備勢	第 十八 式	斜飛勢
第 二 式	起勢	第 十九 式	提手上勢
第 三 式	攬雀尾	第 二十 式	白鶴亮翅
第 四 式	單鞭	第二十一式	左摟膝拗步
第 五 式	提手上勢	第二十二式	海底針
第 六 式	白鶴亮翅	第二十三式	扇通背
第 七 式	左摟膝拗步	第二十四式	轉身撇身捶
第 八 式	手揮琵琶	第二十五式	進步搬攔捶
第 九 式	左右摟膝拗步	第二十六式	上步攬雀尾
第 十 式	手揮琵琶	第二十七式	單鞭
第十一式	左摟膝拗步	第二十八式	雲手
第十二式	進步搬攔捶	第二十九式	單鞭
第十三式	如封似閉	第 三十 式	高探馬
第十四式	十字手	第三十一式	左右分腳
第十五式	抱虎歸山	第三十二式	轉身蹬腳
第十六式	肘底看捶	第三十三式	左右摟膝拗步
第十七式	左右倒攆猴	第三十四式	進步栽捶

43

楊式太極拳闡秘

第二節 關於圖照的幾點說明

1. 本圖解對每一式都分為動作、要領兩個部分進行較為詳細的講解，由淺入深，循序漸進，以便於初學者能夠正確理解和掌握。

2. 初學者應在理解每一式要領的同時演練圖解中的動作，不要先將動作練熟後再去研究要領。動作練成習慣以後，要領就很難上身。

3. 楊式太極拳的方位，過去是用八卦，即坎、離、兌、震表示四正，巽、乾、坤、艮表示四隅。為了便於讀者能夠較為容易地理解，本圖解採用東、南、西、北表示四正，東南、西南、西北、東北表示四隅。

4. 為了便於讀者查對拳勢的方向，本圖解約定：起勢面向正南，也就是面向讀者為南，背向讀者為北，面向讀者右面為東，面向讀者左面為西。

5. 圖中所有帶實線或虛線的箭頭，均表示手或腳的動作趨向，也就是說明本圖過渡到下一圖的動作趨向。凡動作較簡單、用文字即可說明的，就不在圖中繪箭頭表示其動作趨向，可參看文字和後一圖。

6. 帶有實線的箭頭表示右手或右腳的動作趨向，帶有虛線的箭頭表示左手或左腳的動作趨向。

第三節　動作圖解

第一式　預備勢

兩腳左右分開，距離與肩同寬，兩腳尖朝前，為開立步；兩肩自然下垂，兩掌在兩胯旁，掌心向內，指尖朝下；身體自然直立，頭宜正直，內含頂勁，嘴自然閉合，舌頂上腭，含胸、拔背、鬆腰胯；眼向前平視。（圖1）

【要領】

1.「預備勢」中的要領大都是整個套路中每個動作所要注意的要領，是一切動作的基礎。所以，在做預備勢時，首先問自己身體各部位是否符合身法要領，如「尾閭中正」「虛領頂勁」「氣沉丹田」「含胸拔背」「提頂吊襠」「鬆腰胯」「內外相合」「立身中正安舒」。

圖1

2.楊式太極拳傳統套路的預備勢是開立步，而不是兩腳併攏。開立步的要求是：兩腳分開，距離與肩同寬。這樣的站立，是襠的自然距離，為「無極勢」。也只有這樣，才能做到「立身中正安舒」。如將兩腳併攏，就改變了襠部本來的自然狀態，改變了本來的

自然狀態就不是「無極勢」。傳統的楊式太極拳要求無極生太極，所以楊式太極拳傳統套路要求預備勢為開立步。

3.精神要自然提起。要平心靜氣，排除一切雜念。

第二式 起 勢

1.身體重心不變；兩掌緩緩內旋，同時兩臂徐徐向前平舉，兩掌距離與肩同寬，掌心向下，指尖朝前，高與肩平；眼向前平視。（圖2）

2.身體重心不變；兩肩下沉，兩肘下墜，自然地帶動兩掌緩緩由上而下按至兩胯旁，掌心向下，指尖朝前，高與胯齊；眼向前平視。（圖3）

【要領】

1.《十三勢行功心解》曰：「先在心，後在身。」兩臂未舉前，首先要認真地檢查一下預備勢是否合乎各項要領。如合乎要領，然後才集中精神，排除一切雜念，開始

圖2

圖3

做起勢動作。

2.《五字訣》曰：「心不靜，則不專；一舉手，前後左右全無定向，故要心靜。起初舉動未能由己，要細心體認。」《打手要言》曰：「其根在腳，發於腿，主宰於腰，形於手指；由腳而腿而腰，總須完整一氣。」太極拳起勢亦然。一舉動，其意由腳而起，再由腿而腰；然後以肩催肘，以肘領腕，以腕帶手，勁貫於指。隨形只有雙臂的運動，實則周身的意、氣、勁貫通。兩手下落時，仍要沉肩墜肘，將前臂帶回，內氣徐徐沉入丹田。

3.在練拳時，從始至終每個動作都要求沉肩墜肘。楊澄甫在《太極拳說十要》中指出：「沉肩者，肩鬆開下垂也。若不能鬆垂，兩肩端起，則氣亦隨之而上，全身皆不得力矣。墜肘者，肘往下鬆墜之意。肘若懸起，則肩不能沉，放人不遠，近於外家之斷勁矣。」既然沉肩墜肘這麼重要，而又貫穿於每個動作之中，兩掌向前平舉時肘下垂還容易理解，當兩掌按到兩胯旁時，仍然要求墜肘，就會使初學者不大容易理解了。

認為兩臂既已下垂，總不能將兩肘墜到兩掌下面吧！這就得從姿勢要領上做出來了，如果姿勢不對，就無法墜肘。只有動作到位，才能使要領落實。

具體動作要求是：兩臂自然下垂於兩胯旁，使兩臂微屈，做到將展未展，勁似鬆未鬆，兩肘尖微露，使兩肘下墜。如果兩臂向下伸得太直就失去了墜肘之意了。

4.《太極拳論》曰：「其根在腳，發於腿，主宰於腰，形於手指。」要求形於手指。怎樣才能使勁形於手指呢？初學者往往較難理解。

其實，在姿勢上如果能夠做到坐腕，就能達到形於手指。所謂坐腕，就是掌根下沉，手指尖微微上翹，但不可用力，保持自然舒適。這樣才能把勁貫至掌根，手指同時也有所感覺。

5.太極拳從起勢到收勢，要做到一舉動俱要式式連貫，綿綿不斷，一氣呵成。動作與動作轉換之間，既要做到家，又要似停非停，將斷未斷。

第三式　攬雀尾

「攬雀尾」是由「左掤」「右掤」「捋」「擠」「按」五勢組成。

一、左　掤

1.兩腿屈膝下蹲，重心隨身體下沉移於左腿，右腳腳尖隨移重心稍微翹起，以腳跟為軸向右撇45°踏實，左腳隨即提起，以腳尖點地落於右腳旁，同時，腰右轉45°；右手隨轉腰由右側弧形上抄於胸前，掌心向下，指尖朝左，高與胸平；左手同時也隨轉腰臂外旋弧形向上抄，掌心向上，指尖朝右，高與腹齊；眼神顧及兩掌，向前平視。（圖4、圖5）

2.左腳提起，向左前方邁出，先以腳跟著地，然後身體重心前移，全腳踏實，弓左腿、蹬右腿成左弓步，腰隨移重心向左轉45°；左手隨轉腰臂內旋向前掤，掌心向內，指尖朝右，高與肩平；右手同時也隨轉腰弧形向右下採，掌心向下，指尖朝前，高與胯齊；眼神顧及左掌，向前平視。（圖6、圖7）

圖4

圖5

圖6

圖7

【要領】

1.太極拳每個動作都要求虛實分清。左掤當腿屈膝下蹲時，重心隨之移於左腿，左腿為實，右腿為虛。當右腳尖向右撇45°踏實後，重心就隨之移於右腿，這是右腿為實，左腿為虛。太極拳在運動中最忌虛實不分，虛實不分

為雙重，「雙重為之病」。

2. 在練習太極拳時，每個動作的左轉右旋都要以腰為軸，在轉動時身體要保持正直。

3.《打手要言》云：「切記：一動無有不動，一靜無有不靜。」身、手、足等方面，雖在文字敘述中有先後之分，但具體到練拳時必須同時開始和同時完成，要做到「周身一家」「上下相隨」。

4.《打手要言》云：「邁步如貓行，運勁如抽絲。」凡邁步都須輕靈。就是說，每邁一步，都要輕提輕落，如臨深淵，如履薄冰，戰戰兢兢，如稍有不適，立即收回。手的運動好像抽絲，動作要柔緩，速度要均勻，不能忽快忽慢。

5. 弓步之膝不能超過腳尖，蹬腿的腳掌和腳跟要全部著地，腿也不可蹬得太直，要直中求曲。凡弓步，以弓步為實，蹬腿為虛。一般以實腿負擔體重的 70%，蹬腿負擔體重的 30%。膝要與腳尖的方向一致。

6. 虛腿拳架與實腿拳架左掤上肢動作的區別是：實腿拳架在身體下蹲時，兩臂是從左側向右側平抹半圈做抱球狀，而虛腿拳架是兩臂隨身體右轉直接由右側做抱球狀。腿部動作的區別是：實腿拳架的左掤弓步是左腳尖內扣，成左側弓步，面向西南方，而虛腿拳架左掤弓步腳尖方向不變，為左弓步，面向正南方。

二、右 掤

1. 身體重心漸漸移於右腿，左腳腳尖隨移重心內扣 45°，同時，腰右轉 45°；左掌隨轉腰臂內旋，掌心向下，指尖朝右，高與胸平；右掌同時也隨轉腰隨臂外旋，掌心向

圖8

左，指尖朝下，高與腹平；眼神顧及兩掌，向前平視。（圖8）

2. 身體重心漸漸移於左腿，坐實，右腿提起，腳尖自然下垂，同時，腰微左轉；右手隨轉腰臂外旋弧形向上掤，掌心向左，指尖朝前，高與腹平；左掌同時也隨轉腰臂內旋收於腹前，掌心向下，指尖朝右，高與腹齊；眼神顧及兩掌，向前平視。（圖9、圖10）

3. 右腳向前邁出，先以腳跟著地，隨著身體重心前移使全腳踏實，弓右腿、蹬左腿成右弓步，同時，腰微右轉；右手隨轉腰向上掤，掌心向左，指尖朝前，高與肩

圖9

圖10

圖 11　　　　　　　　　　　圖 12

平；左手隨右手向前按，掌心向右，指尖朝上，高與胸
齊；眼神顧及兩掌，向前平視。（圖11、圖12）

【要領】

1.左腳尖內扣要與重心右移協調一致，同時完成。不
能將重心移到位後再扣腳尖，或者先扣腳尖再移重心。初
學者要特別注意，一旦養成習慣，就不好改了。俗話說
「學拳容易，改拳難」，就是這個道理。

2.凡掤出之手，肩不可聳起。手臂要掤圓，臂不可挺
得太直。身體不可過於前俯，需做到襠沉、胯落、臀斂，
脊柱關節既拔且鬆，然後才能氣舒勁整。

3.虛腿拳架與實腿拳架右掤上肢動作大體相同，腿部
動作比實腿拳架多了一個移重心和扣腳尖的動作。因實腿
拳架在左掤時，左腳尖同時完成了內扣，而虛腿拳架左掤
時左腳尖未內扣。所以，在右掤前多了一個移重心和扣腳
尖的動作，這就是虛腿拳架與實腿拳架的主要區別之一。

三、挒

1.身體重心不變，腰微右轉；左手隨轉腰臂外旋，掌心向內，指尖朝右，高與胸平；右手同時也隨轉腰臂內旋，掌心向下，指尖朝前，高與肩平；眼神顧及兩掌，向前平視。（圖13）

2.身體重心漸漸移於左腿，腰左轉45°；左手隨轉腰弧形向左側挒，掌心向內，指尖朝右，高與胸平；右手同時也隨轉腰弧形向左側挒，掌心向下，指尖朝前，高與肩平；眼神顧及兩掌，向前平視。（圖14）

【要領】

1.兩臂左挒要靠腰來帶動，不要單靠兩臂往回捯。要注意沉肘護肋，但又不能夾肋。兩腋下要留有可容一拳的空隙。不但左挒如此，太極拳整個套路中的動作都要這樣做。

2.當身體重心後移時，身體仍須保持正直，不可前俯後

圖13

圖14

仰或左右搖晃。此關鍵在於「速度均勻」「上下相隨」「不先不後」。如果下肢後坐得快了就會前俯，慢了就會後仰。

3.在兩臂左捋過程中，由於翻掌、沉肘、轉腰和坐實左腿等動作是同時開始和同時完成的，從直觀上感覺似乎稍有向下的現象，但應注意兩掌不能有意識地向下捋。

4.捋時左臂要鬆鬆掤住，兩掌距離不宜太近或太遠，要保持與推手中捋勢同樣的距離，應一手搭腕，一手搭肘節上臂處為宜。

四、擠

身體重心漸漸移於右腿，腰右轉，弓右腿、蹬左腿成右弓步；右臂隨轉腰橫掤於胸前，掌心向裏，指尖朝左，高與肩平；左手同時也隨轉腰臂內旋按於右脈門上，掌心向外，指尖朝上，稍低於右掌；眼神顧及兩掌，向前平視。（圖15、圖16）

圖 15

圖 16

【要領】

1. 左手先貼於右脈門上，腰再右轉、弓右腿，同時兩掌向前擠出。前擠時要注意沉肩墜肘，身體不可前俯後仰，臀部不可凸出，肘部不可仰起，須稍低於腕部。

2. 做擠勢時，左掌與右脈門之間要似沾非沾，不要貼得太緊。

五、按

1. 身體重心漸漸移於左腿；左掌隨移重心隨從右手上側平抹分開；右手同時也隨移重心臂內旋與左手分開，兩掌距離稍窄於肩，兩虎口相對。然後，兩臂外旋，兩掌弧形回收於胸前，兩掌坐腕，掌心朝前，指尖朝上，高與胸平；眼神顧及兩掌，向前平視。（圖17、圖18）

2. 身體重心漸漸移於右腿，弓右腿、蹬左腿成右弓步；兩掌隨移重心臂內旋向前按出，掌心向前，指尖朝

圖17　　　　　　　　　圖18

上，高與肩平；眼神顧及兩掌，向前平視。（圖19）

【要領】

1. 身體重心後移時，右胯根微向後抽，使身體保持正對前方，不至於偏向左斜角。

2. 兩掌隨重心後移弧形向胸前回抹，肩不可聳起，兩肘也不可上翹。

3. 兩掌在收於胸前時，左掌心斜朝右前方，右掌心斜朝左前方，使兩掌心左右相對，如抱球前投之狀。

圖19

4. 兩掌須隨重心前移同時向前按出。兩掌隨向前按臂內旋，但兩掌心不能轉至正前方，同時兩掌注意坐腕。其向前按的路線要呈現出微微往上的弧形，但幅度不宜過大。《打手要言》云：「若物將掀起，而加挫之之力，斯其根自斷，乃壞之速而無疑。」

第四式　單　鞭

1. 身體重心漸漸移於左腿，同時，腰左轉，右腳尖隨轉腰內扣135°；兩手同時隨轉腰放平，掌心向下，指尖朝前，高與肩平，然後自右向左平抹半個橢圓；眼神顧及兩掌，向前平視。（圖20、圖21）

2. 身體重心漸漸移於右腿，同時，腰右轉；兩掌隨轉腰弧形向右平抹半個橢圓，兩掌心向下，指尖朝前，高與肩平；眼神顧及兩掌，向前平視。（圖22）

圖 20

圖 21

圖 22

圖 23

　　3.身體重心漸漸全部移於右腿坐實，同時，腰左轉，左膝領起，左腳離地並往回收，腳尖自然下垂；右掌隨轉腰向右前方伸出，並將五指捏攏在一起，指尖下垂，成吊手狀，高與肩平；左掌隨轉腰臂外旋，掌心向裏，指尖朝右，高與肩平；眼神顧及右吊手，向前平視。（圖23）

圖 24　　　　　　　　　圖 25

4. 腰繼續左轉，同時，左腳向前邁出，先以腳跟著地，然後身體重心前移使全腳踏實，弓左腿、蹬右腿成左弓步；右吊手隨轉腰向右後側伸，指尖朝下，高與肩平；左手同時也隨轉腰臂內旋向前劈按，掌心向前，指尖朝上，高與肩平；眼神顧及左掌，向前平視。（圖 24、圖 25）

【要領】

1. 身體重心向左腿移動的同時，腰要左轉。兩掌同時要放平，注意掌心向下，指尖朝前。右腳尖同時也要輕輕領起，使手與腳尖隨轉腰向左旋轉。腳尖左旋時，不要有太明顯的上翹現象，腳踝不要緊張，緊張則不能輕靈。

2. 兩手由按勢放平向左平抹，名稱為「左攔」，兩掌向右平抹為「右攔」。要特別注意的是，實腿拳架在做左攔和右攔時是不移重心的，而虛腿拳架在做左攔時重心要移於左腿，右攔時重心要移於右腿。這兩種拳架的要領很容易混淆，應特別注意。

3. 兩臂隨腰轉畫弧時，要做到兩臂相繫，雙手相跟，輕靈鬆活，總要一手前、一手隨；一手實、一手虛。做到實中有虛，虛中有實，意在沾連黏隨。

4. 身體旋轉時，要保持尾閭中正，既要使身體不前俯後仰，又要注意身勢的平穩，不可忽高忽低。

5.「單鞭」定勢時，左手尖、鼻尖、左腳尖方向一致，三點相對。右吊手五指捏攏，腕關節彎曲下垂，注意左右兩肩相平。這個動作很容易出現左肩低、右肩高的現象。整體的要求是要做到外三合，即「肩與胯合、肘與膝合、手與足合」。

第五式 提手上勢

「提手上勢」由「右手揮琵琶」和「提手」兩勢組成。

一、右手揮琵琶

1. 身體重心漸漸移於右腿，左腳尖隨移重心內扣45°，同時，腰右轉45°；左手隨轉腰臂外旋向內合，掌心向下，指尖朝前，高與肩平；右手同時也隨轉腰臂外旋，將吊手變為掌，掌心向下，指尖朝前，高與肩平；眼神顧及兩掌，向前平視。（圖26）

2. 身體重心漸漸移於左腿坐實，右腿提起，落於左腳前

圖26

圖27　　　　　　　　　圖28

一步，以腳跟著地，腳尖自然微翹，右膝微弓，成右虛步，同時，腰微右轉；左掌隨轉腰臂外旋墜肘向內合，掌心向右，指尖朝前，高與胸齊；右手同時也隨轉腰臂外旋墜肘向內合，掌心向左，指尖朝前，高與肩平；眼神顧及兩掌，向前平視。（圖27、圖28）

【要領】

「右手揮琵琶」與第八式「手揮琵琶」要領相同，唯左右相反。

二、提　手

1. 身體重心全部移於左腿，腰微左轉，右腳提起稍回收，隨即腳尖內扣45°向前邁出，以腳跟著地成右虛步；左掌隨轉腰臂內旋向左後側撤，掌心向下，指尖朝右，高與胸平；右掌同時也隨轉腰臂外旋收於胸前，掌心向裏，指尖朝左，高與胸平；眼神顧及兩掌，向前平視。（圖

圖29　　　　　　　　　　圖30

29、圖30）

　　2. 身體重心漸漸移於右腿，使全腳踏實，弓右腿、蹬左腿成右側弓步，同時，腰微左轉；右臂隨弓腿向右前側擠，擠的同時帶有上提之意，肩也同時隨擠隨靠；左掌按住右前臂內側隨右臂前擠；眼神顧及右掌上提，向前平視。（圖31）

圖31

　　【要領】

　　1.「提手勢」要求左掌向下按，右前臂向上提，形成一個合勁，一按一提要做到協調一致。

　　2. 由「右手揮琵琶」向「提手勢」過渡時，身體重心左右移動要注意周身一家，做到「一動無有不動」「立身

中正」，身體保持穩、平，不可忽高忽低。在右手上提的同時須有靠的意思，但不可聳肩，身體不可前俯。

圖32

第六式　白鶴亮翅

身體重心漸漸全部移於右腿坐實，同時，腰左轉，左腳隨轉腰提起向前邁半步，以腳尖著地，膝微弓；右掌隨轉腰臂內旋向上掤，掌心向前，指尖朝左，稍高於額；左掌同時也隨轉腰臂內旋，弧形向左下側採，掌心向下，指尖朝前，高與胯齊；眼神顧及兩掌上下分開，隨即向前平視。（圖32）

【要領】

1.由「提手上勢」過渡到「白鶴亮翅」時，要有向上的氣勢。右腿仍要下坐，要拔腰，這樣就有上下對拉、身體拔長的感覺，但要注意不可形成挺腹。頂勁上領，精神就提得起；沉氣落胯，下體就穩重。左腳尖要虛點地面，不可用來支撐身體。

2.「白鶴亮翅」定勢時，左前臂微抬，手臂微屈呈弧形，肘尖既不要外翻，也不要夾肋，要自然鬆沉。

第七式　左摟膝拗步

1.身體重心不變，右胯根微收坐，腰右轉30°；右掌隨轉腰臂外旋，肩、肘自然鬆沉，自上而下弧形落於右胯

圖 33　　　　　　　　　　圖 34

旁，掌心向上，指尖朝左，高
與右胯齊；左掌同時也隨轉腰
臂外旋弧形向上抄，掌心朝
內，指尖向右，高與胸平；眼
神顧及兩掌，向前平視。（圖
33、圖 34）

2. 身體重心漸漸全部移於
右腿坐實，腰微右轉，左腳隨
轉腰向上提起；右掌隨轉腰臂
內旋由右側向上抄，掌心向
前，指尖朝上，高與耳齊；左

圖 35

掌同時也隨轉腰臂內旋隨弧形向下摟，掌心向下，指尖朝
右，高與腹齊；眼神顧及右掌，向前平視。（圖 35）

3. 身體重心不變，腰向左轉，左腳向前邁出，先以腳
跟著地，隨著身體重心前移使全腳踏實，弓左腿、蹬右腿

圖 36　　　　　　　　　圖 37

成左弓步；左掌隨轉腰臂內旋，由左膝前弧形向左下側摟，掌心向下，指尖朝前，高與胯齊；右掌同時也隨轉腰臂內旋，弧形經右耳旁向前按出，掌心向前，指尖朝上，高與肩平；眼神顧及左掌摟過左膝，隨即顧及右掌向前按出，平視前方。（圖36、圖37）

【要領】

1. 右掌從右耳旁按出時不是掌心朝下、五指朝前戳出，而是掌心微朝下，沉腕鬆肘，隨按隨坐掌。左手摟膝時，也不要五指朝下、掌心朝裏向外畫出，而是掌心朝下坐、鬆肩屈肘向外摟出。

2. 左臂向左下側摟和右臂向前伸出，都要靠腰的帶動和送出，這樣就可以將全身的勁發放出來。但要注意全身放鬆，周身一家，不然就會局限於兩手的運動和身體分家。這種現象在初學者身上常常出現，應特別注意。

3. 右肩往下鬆沉時，不可出現右肩低左肩高的現象。

整套動作中雙肩須平齊。

4.整個動作要有「立如平準，活似車輪」和「身形順我自伸舒」的意識控制。比如左腳未提起時，頭、身不可低下，提左腿時身體不可後仰和高起，弓步出掌時臀部不可凸出，身體不可出現前俯、滯頓和棱角等現象，應時時追求鬆淨自然之感和長馳大進之勢。

第八式　手揮琵琶

1.身體重心漸漸全部移於左腿，腰微左轉，右腿隨移重心向前跟半步，以腳尖著地，身體隨勢向前移動；右肩隨轉腰微向前鬆勁，右手同時臂外旋、鬆腕微向前送，掌心向下，指尖向前側上，高與肩平；左手同時也隨轉腰向上抄，掌心向下，指尖朝前，高與腹齊；眼神顧及右掌，向前平視。（圖38）

2.身體重心漸漸全部移於右腿，隨著重心後移，右腳踏實，坐實右腿，同時，腰微右轉，隨左腳坐實右腿提起向前邁半步，以腳跟著地，腳尖微翹，膝微弓成左虛步；左手隨轉腰臂外旋向上抄，掌心向右，指尖向前側上，高與肩平；右手同時也隨轉腰臂外旋向下採，掌心向左，指尖朝前側上，高與腹齊；眼神顧及兩掌，向前平視。（圖39）

【要領】

1.重心一前一後的虛實轉換，要求上體正直，不可前俯後仰。右手向下採時要以肩帶肘，以肘帶手。左手向上抄時，要以肩催肘，以肘催手。

2.兩掌一起一收，均要隨腰轉動，要鬆肩、墜肘、沉腕，不能聳肩。

圖 38　　　　　　　　　　圖 39

3.兩手合抱時，要隨著鬆腰拔背，兩臂微向前送，有意氣下沉、勁往前發之勢。

第九式　左右摟膝拗步

「左右摟膝拗步」由「左摟膝拗步」「右摟膝拗步」「左摟膝拗步」三勢組成。

一、左摟膝拗步

1.身體重心不變，腰微右轉；右掌隨轉腰臂外旋，弧形向右下側抽，掌心向上，指尖朝前，高與腰平；左手同時也隨轉腰臂內旋向回微收，橫掤於胸前，掌心向下，指尖朝右，高與肩平；眼神顧及兩掌，向前平視。（圖40）

2.與第七式「左摟膝拗步」動作2相同。（圖41）

3.與第七式「左摟膝拗步」動作3相同。（圖42、圖43）

圖40

圖41

圖42

圖43

【要領】

與第七式「左摟膝拗步」要領相同。

二、右摟膝拗步

1. 身體重心漸漸移於右腿成左虛步，同時，腰左轉，左腳隨轉腰以腳跟為軸，腳尖向外撇45°；左手隨轉腰臂外旋鬆腕，掌心向前，指尖向下，高與胯齊；右手同時也隨轉腰鬆腕回收，掌心向下，指尖朝左，高與肩平；眼神顧及兩掌，向前平視。（圖44）

2. 身體重心漸漸移於左腿，弓左腿、蹬右腿成左弓步，同時，腰微左轉；左手隨轉腰臂外旋，由左側向上抄，掌心向上，指尖朝左，高與腹齊；右手同時也隨轉腰向下按，掌心向下，指尖朝左，高與胸平；眼神顧及兩掌，向前平視。（圖45）

3. 身體重心漸漸全部移於左腿坐實，同時，腰微左轉，右腳隨轉腰提於左腳旁；左手隨轉腰向上抄，掌心向上，指尖朝左，高與肩平；右手同時也隨轉腰向下按，掌

圖44

圖45

心向下，指尖朝左，高與腹齊；眼神顧及右掌，向前平視。（圖46）

4. 身體重心不變，腰右轉，右腳隨轉腰向前邁出，先以腳跟著地，隨著重心前移使全腳踏實，弓右腿、蹬左腿成右弓步；右掌隨轉腰臂內旋，由右膝前弧形向右下側摟，掌心向下，指尖朝前，高與右胯齊；左掌同時也隨轉腰臂內旋，弧形經左耳旁向前按出，掌心向前，指尖朝上，高與肩平；眼神顧及右掌摟過右膝，隨即顧及左掌按出，向前平視。（圖47、圖48）

圖46

圖47

圖48

【要領】

與第七式「左摟膝拗步」要領相同，唯左右相反。

三、左摟膝拗步

與二「右摟膝拗步」動作相同，唯左右相反。（圖49～圖53）

【要領】

與第七式「左摟膝拗步」要領相同。

圖49

圖50

圖51

圖 52　　　　　　　　　　圖 53

第十式　手揮琵琶

與第八式「手揮琵琶」動作相同。（圖 54、圖 55）

【要領】

與第八式「手揮琵琶」要領相同。

圖 54　　　　　　　　　　圖 55

楊式太極拳闡秘

第十一式　左摟膝拗步

與第九式「左右摟膝拗步」—「左摟膝拗步」動作相同。（圖56～圖59）

圖56

圖57

圖58

圖59

【要領】

與第七式「左摟膝拗步」要領相同。

第十二式　進步搬攔捶

「進步搬攔捶」由「搬」「攔」「捶」三勢組成。

一、搬

1. 身體重心漸漸移於右腿，成左虛步，同時，腰左轉，左腳隨轉腰以腳跟為軸，腳尖向外撇45°；左手隨轉腰臂外旋鬆腕，掌心向前，指尖向下，高與胯齊；右手同時也隨轉腰鬆腕回收，掌心向下，指尖朝左，高與肩平；眼神顧及兩掌，向前平視。（圖60）

2. 身體重心漸漸移於左腿，弓左腿、蹬右腿成左弓步，同時，腰微右轉；左手隨轉腰臂外旋，由左側向上抄，掌心向上，指尖朝左，高與腹齊；右手同時也隨轉腰向下按，邊按邊由掌變拳，拳心向下，拳眼朝內，高與腹齊；眼神顧及兩手，向前平視。（圖61）

3. 身體重心漸漸全部移於左腿坐實，右腳提於左腳旁，腳尖自然下垂，同時，腰微左轉；左手隨轉腰臂內旋，由左側向上抄，掌心向前，指尖朝上，高與耳齊；右拳同時也隨轉腰繼續向下移動，拳心向下，拳眼朝內，高與小腹齊；眼神顧及右拳下移，隨即向前平視。（圖62）

4. 身體重心不變，腰微右轉，同時，右腳向前邁出，先以腳跟著地，腳尖微翹，成右虛步；右拳隨轉腰臂外旋向前搬出，拳心向上，拳眼朝右，高與胸平；左手同時也隨轉腰向前推，掌心向右，指尖朝上，高與肩平；眼神顧

圖 60

圖 61

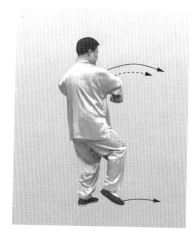

圖 62

圖 63

及兩手，向前平視。（圖 63）

圖 64 圖 65

二、攔

身體重心漸漸全部移於右腿坐實，同時，腰微右轉，左腳隨轉腰提起向前邁出，先以腳跟著地，腳尖微翹，成左虛步；左掌隨轉腰向前攔，掌心朝右前方，指尖向上，高與肩平；右拳同時也隨轉腰弧形向回抽，拳心向上，拳眼朝右，高與腰平；眼神顧及右掌，向前平視。（圖64、圖65）

三、捶

身體重心漸漸移於左腿，弓左腿、蹬右腿成左弓步，同時，腰微左轉；左掌隨轉腰屈臂微收，掌心向右，指尖朝上，高與肩平；右拳同時也隨轉腰臂內旋，弧形向前擊出，拳心向左，拳眼向上，高與胸平；眼神顧及兩手，向前平視。（圖66）

圖 66

【要領】

1.「搬攔捶」是太極拳五捶的第一捶，由「搬」「攔」「捶」三勢組成。搬在技擊意義上含有橫肘搬拿、護中反打、貼身近靠等；攔在技擊意義上含有攔截進擊等；捶在技擊意義上含有擊打等。在「一時短打」中分陰手和陽手兩種練法。

2.「搬攔捶」是典型的「一時短打」一手出三手練法。在連續進步時，要求「邁步如貓行」，並要求速度均勻，上下相隨，身體正直，不可歪斜和俯仰。做「搬」上右腳時，要比一般步型更開闊一些，並要避免上體隨右腳上步而向右傾斜。

3. 步法和手法要隨腰轉動，右拳搬出時不可離身體太遠，並注意不可抬肘。右拳向前擊出時要靠腰勁送出，並邊打邊臂內旋，使拳眼轉朝上；要由身體中線向前打出，有「拳由心中發」之說。

第十三式　如封似閉

1. 身體重心漸漸向右腿移，同時，腰微右轉；左手隨轉腰插入右前臂下，隨插臂外旋沿右前臂向前撥出，掌心向右，指尖朝右，高與胸平；右手同時也隨轉腰由拳變掌，邊沉肩屈肘邊弧形回抽，掌心向裏，指尖朝左，高與肩平，兩腕相交，右臂在裏，左臂在外；眼神顧及兩掌，向前平視。（圖67）

2. 身體重心繼續移向右腿坐實成左虛步，同時，腰微右轉；兩掌隨轉腰臂內旋向胸前回收，然後向左右兩側分開並翻掌；左掌心朝右前方，右掌心朝左前方，兩掌心相對如抱球狀，兩掌指尖均向上，高與胸平，兩掌距離稍窄於肩；眼神顧及兩掌，向前平視。（圖68）

3. 身體重心漸漸移向左腿，弓左腿、蹬右腿成左弓步，同時，腰微左轉；兩掌同時隨轉腰臂內旋弧形向前按

圖67

圖68

出，掌心向前，指尖朝上，掌根高與肩平；眼神顧及兩掌，向前平視。（圖69）

圖69

【要領】

1.當身體重心向後移時，兩胯與兩肩同時向後抽，保持身體的中正安舒，身體不可後仰，重心似坐非坐。隨著兩手的抽回和分開，身體要注意不可故意向左或向右旋轉，要使身體保持朝正前方。當後腿坐即時，注意不可使身體單偏朝右，臀部後坐應與後腳跟齊。腰腿之間不可捆死。

2.兩掌隨重心後移而向回抽時要鬆肩墜肘。兩掌略沉，兩肘略分，微含掤勁，兩肘後撤時不可夾肋自縛其身。兩臂無論是後撤還是前進總要隨腰腿協調一致，不要使腿已後坐手還沒有收回或腿已弓到而手還沒有按出。在重心前移、兩掌按出時，襠勁略下沉，過半後略向上，兩掌隨之畫弧向前，但在外形上要做得含蓄。凡此皆是意而不在外。

3.此勢為開合勁，見敵則開，敵去則合。開有開展之意，而須用腰腿之功，合時勁圓而緊湊，須襠沉腰攻。開合連用，即一虛一實、一蓄一發。其勢「意欲向上，必先寓下」，都在意氣轉換之間。

4.其他要領與「攬雀尾」中的按勢要領相同。

第十四式　十字手

1.身體重心漸漸移於右腿，左腿蹬、右腿弓成右側馬步，同時，腰右轉 90°，左腳隨轉腰以腳跟為軸，使腳尖內扣 90°；兩手同時隨轉腰鬆腕使兩掌放平，兩肘也同時彎曲向左右分開，隨臂內旋帶動兩掌向上掤於額前（距額部兩掌左右），兩臂呈環形，兩掌心向前，兩指尖相對，高略過於額，兩掌距離略窄於肩；眼向前平視。（圖 70）

2.身體重心漸漸移於左腿，右腿蹬、左腿弓成左側馬步；同時，兩肘繼續帶動兩掌向左右兩側分開，兩掌心朝前，指尖各向左右，高與肩平；眼向前平視。（圖 71）

3.身體重心漸漸全部移於左腿坐實，右腿提起向回收半步，先以腳尖著地，隨著重心右移使全腳踏實，兩腿漸漸立起，兩膝微屈，成開立步；兩掌隨移重心臂外旋，分別自左右兩側由下而上經腹前弧形交叉合抱於胸前，兩掌

圖 70　　　　　　　　　圖 71

心向內，左指尖朝右上側，右指尖朝左上側，高與肩平；眼神顧及兩掌，向前平視。（圖72）

圖72

【要領】

1.當身體重心漸漸移於右腿時，左腳尖隨即內扣。當身體重心漸漸移於左腿時，右腳跟隨即提起，兩腳像蹺蹺板一樣此起彼伏，這也是一種分清虛實的步法。

2.「十字手」的兩肩、肘務必要鬆沉，不可聳肩亮肘。整個「十字手」雙臂的運動，要做得鬆淨圓活，不僵不硬，飽滿柔韌。當兩手合十上舉時，有微前掤之意。

3.兩膝屈蹲時，身體不可前俯；立起時，不可後仰。注意做到勁貫足跟，虛領頂勁，收住尾閭，鬆腰拔背，整個「十字手」動作，務必做得圓活鬆淨，立身安舒，上下相隨，柔中寓剛。

4.「十字手」勢也是開合勁，勁點在臂腕、掌緣和五指間。畫弧一周時，意貫指尖，指關節務必要活。結成「十字手」勢時，腰膝稍鬆下沉，似有千變萬化之勢盡由此勢演出。

第十五式　抱虎歸山

「抱虎歸山」是由「右摟膝拗步」和「攬雀尾」組成。

一、右摟膝拗步

1. 身體重心漸漸移於右腿，左腳以腳跟為軸，腳尖內扣90°，同時，腰微右轉；兩手保持原勢不變；眼神顧及兩掌，向前平視。（圖73）

2. 身體重心漸漸移於左腿坐實，腰微右轉，右腳提起；左掌隨轉腰臂內旋，由胸前向左下側抽，隨即由左側向上抄起，掌心向前，指尖朝上，高與肩平；右手同時也隨轉腰臂內旋，經胸前向下按，掌心向下，指尖朝左，高與腹齊；眼神顧及兩掌，向前平視。（圖74、圖75）

圖73

圖74

圖75

3. 身體重心不變，同時，腰右轉，右腿向前邁出，先以腳跟著地，然後身體重心前移使全腳踏實，弓右腿、蹬左腿成右弓步；右掌隨轉腰臂內旋，由右膝前弧形向右下側摟，掌心向下，指尖朝前，高與胯齊；左掌同時也隨轉腰臂內旋，弧形經左耳旁向前按出，掌心向前，指尖朝上，高與肩平；眼神顧及右掌摟過右膝，隨即顧及左掌按出，向前平視。（圖76、圖77）

【要領】

由「十字手」開始，重心先移於右腿，同時左腳尖內扣，然後重心再由右腿移於左腿，這樣重心往復移動，身體務必要「固」，不固身必散亂，散亂則不能「周身一家」，「不周身一家」則不能做到「一動無有不動」，不能做到「一動無有不動」則會顧此失彼。

圖76

圖77

二、攬雀尾

（一）将

1. 身體重心不變；左掌鬆腕沉肘臂外旋，掌心向上，指尖朝右前方，高與胸平；右掌同時由右側弧形向上抄，臂內旋，掌心向下，指尖朝前，高與肩平；眼神顧及兩掌，向前平視。（圖78）

2. 與第三式「攬雀尾」三「将」勢動作 2 相同，唯方向略有不同。（圖79）

【要領】

與第三式「攬雀尾」三「将」勢要領相同。

（二）擠

與第三式「攬雀尾」四「擠」勢動作相同，唯方向略

圖78　　　　　　　　　圖79

圖 80　　　　　　　　　圖 81

有不同。（圖 80、圖 81）

【要領】

與第三式「攬雀尾」四「擠」勢要領相同。

（三）按

與第三式「攬雀尾」五「按」勢動作相同，唯方向略有不同。（圖 82～圖 84）

【要領】

與第三式「攬雀尾」五「按」勢要領相同。

圖 82

圖83 圖84

第十六式　肘底看捶

1. 與第四式「單鞭」動作 1 相同，唯方向略有不同。
（圖 85、圖 86）

圖85 圖86

2. 與第四式「單鞭」動作 2 相同，唯方向略有不同。
（圖 87）

3. 身體重心漸漸全部移於右腿坐實，同時，腰微右轉，左腿隨轉腰提起向左後側擺出，腳尖自然下垂；左手隨轉腰臂外旋，弧形向左掤，掌心向裏，指尖朝右，高與胸平；右掌同時也隨轉腰臂外旋，由右側向上抄，掌心向前，與左掌心前後相對，指尖朝上，高與肩平；眼神顧及左掌，向前平視。（圖 88）

4. 身體重心不變，腰左轉，左腿隨轉腰向左前方邁出，先以腳跟著地，隨著重心前移使全腳踏實，弓左腿、蹬右腿成左弓步；左手隨轉腰臂內旋，弧形向左下側按，掌心向下，指尖朝前，高與腹齊；右掌同時也隨轉腰臂內旋向前按，掌心向前，指尖朝右，高與胸平；眼神顧及兩掌，向前平視。（圖 89、圖 90）

圖 87

圖 88

圖89　　　　　　　　　　圖90

5. 身體重心漸漸全部移於
左腿坐實，同時，腰左轉，右
腿隨轉腰提起向右側橫跨一步
邁出，先以腳跟著地，然後身
體重心右移使全腳踏實，弓右
腿、蹬左腿成右側弓步；左手
隨轉腰臂外旋由左側弧形向中
線抄起，掌心向右，指尖朝
上，高與胸平；右手同時也隨
轉腰臂外旋向下採，掌心向左
下側，指尖朝前上側，高與胸
平；眼神顧及兩掌，向前平視。（圖91、圖92）

圖91

6. 身體重心漸漸全部移於右腿坐實，同時，腰左轉，
左腳隨轉腰提起向前邁出，以腳跟著地，腳尖微翹，成左
虛步；左掌隨轉腰臂外旋，沿中線向前上方穿出，掌心向

圖 92　　　　　　　　　圖 93

右，指尖朝前側上，食指高與眉齊；右手同時也隨轉腰臂外旋，沿左臂外側向下採，邊向下採邊由掌變拳，拳心向內，拳眼朝上，高與腹齊；眼神顧及兩手，向前平視。（圖93）

【要領】

1.在兩掌做「左攔」「右攔」時，要注意兩掌左右平運，不能出現上弧或下弧。在做「左攔」時，左手運，右手跟；做「右攔」時，右手運，左手跟。其距離要均勻，不能忽寬忽窄，要做到鬆肩、沉肘、不飄不僵、鬆柔沉著。

2.由「抱虎歸山」過渡到「肘底看捶」往來牽動的運動過程中，須根據「一動無有不動，一靜無有不靜」和「勿使有凸凹處，勿使有斷續處」的要求進行，要做得圓滿、協調、綿綿不斷。步法和手法均須隨腰轉動，兩腳不要雙重，要此起彼落，像蹺蹺板一樣。

3. 定勢時，前腿膝要微屈，鬆腰胯，兩肩不要上聳，兩臂須呈弧形，不可挺直，胸部不要正對前方，要側朝右前斜方，左掌要坐腕。

第十七式 左右倒攆猴

「左右倒攆猴」是由「右倒攆猴」「左倒攆猴」「右倒攆猴」三勢組成。

一、右倒攆猴

1. 身體重心不變，腰微右轉，左腳尖隨轉腰放平著地成左虛步；左掌隨轉腰臂微外旋向下落，同時向前微伸，掌心向前側右，指尖朝前側上，高與肩平；右手同時也隨轉腰臂外旋由拳變掌弧形向右下側抽，掌心向上，指尖朝前，高與腰平；眼神顧及左掌，向前平視。（圖94）

2. 身體重心漸漸全部移於右腿坐實，腰繼續右轉，左腳隨轉腰提起，向回收於左腳旁，腳尖自然下垂；左掌隨轉腰臂外旋，向前微伸，掌心向上，指尖朝左前側，高與肩平；右掌同時也隨轉腰臂外旋，弧形向右後側上抄，掌心向上，指尖朝右後側，高與肩平；眼神顧及右掌上抄。（圖95）

3. 身體重心不變，腰漸漸左轉，左腳隨轉腰向後退一步，稍偏左落下，先以腳尖著地，隨著身體重心後移使全腳踏實，成右虛步；左掌隨轉腰弧形向左下抽，掌心向上，指尖朝前，高與腰平；右掌同時也隨轉腰臂內旋，經右耳旁向前按出，掌心向前，指尖朝上，高與肩平；眼神顧及右掌，向前平視。（圖96、圖97）

圖 94

圖 95

圖 96

圖 97

【要領】

1.退步時必須將一腿坐實控制重心後，再將另一腿提起後退。後腳落步時先以腳尖輕輕著地，似有先探虛實之意，虛了即能收回，實了漸次落下。所支撐的腿要始終保

持原來的高度和速度。收步退步之間要收住尾閭，虛領頂勁，避免身體的前俯後仰，這樣久而久之就增加了腿部的力量和腰部的柔韌性，就可做到「邁步如貓行」。

2. 退步時腳尖先著地，要注意保持外撇 45°，同時要注意保持兩腳的寬度與肩同寬，不可太窄或太寬。初學者經常出現退步時兩腳的寬度太窄的現象，兩腳的寬度太窄，就會覺得身體站不穩和姿勢彆扭。

3. 掌、臂後抽時須經胯旁，而初學者往往做成經肋旁，那樣手臂就成了直角而不成弧形，就顯得不寬舒和彆扭。

4. 倒攆猴一般做三個或五個，為了加大運動量也可以做七個，但都要做成單數。倒攆猴做幾個，後面的「雲手」也相應地做幾個，否則收勢時就收不到原地。本書採用的是三個「倒攆猴」。

二、左倒攆猴

與一「右倒攆猴」動作相同，唯左右相反。（圖 98～圖 100）

【要領】

與「右倒攆猴」要領相同，唯左右相反。

圖 98

圖 99

圖 100

三、右倒攆猴

與一「右倒攆猴」動作相同。（圖 101～圖 103）

【要領】

與前「右倒攆猴」要領相同。

圖 101

圖 102　　　　　　　　　　　圖 103

第十八式　斜飛勢

1. 身體重心漸漸全部移於左腿坐實，同時，腰微左轉，右腳隨轉腰向回提於左腳旁，腳尖自然下垂；左掌隨轉腰臂內旋，弧形由左側向上抄於胸前，臂呈弧形，肘部微墜，掌心向下，指尖朝右，高與肩平；右掌同時也隨轉腰臂外旋，由右側弧形向腹前抄，臂呈弧形，掌心向上，指尖朝左，與左掌形成抱球狀，高與腹齊；眼神顧及左掌，向前平視。（圖 104）

2. 身體重心不變，腰漸漸右轉，右腳向右後側邁出，先

圖 104

以腳跟著地，然後身體重心漸漸移於右腿使全腳踏實，弓右腿、蹬左腿成右側弓步；右掌隨轉腰臂微外旋向右上側捌出，掌心向前側上，指尖朝右上方，高與額齊；左掌同時也隨轉腰臂微內旋弧形向左下側採，掌心向下，指尖朝前，高與胯齊；眼神顧及右掌，向前平視。（圖105、圖106）

【要領】

1. 右腳向右後側邁出時，要先坐實左腿後，再提右腿，鬆腰胯，然後轉腰，開胯邁步。當右腳著地時，雙腳呈「八」字形，重心移向左腿的同時，左腳尖內扣或左腳跟後蹬，使左腳尖與右腳尖仍保持在45°。轉腰邁步時，還要掌握速度緩轉和虛領頂勁，方可避免上體前俯，動作才會輕靈自如。

2. 左臂在兩掌合抱時須含有掤意；右掌向右後上方捌出時，勁要起於腳跟，發於腿，主宰於腰，通過脊背，由

圖105

圖106

肩到肘，由肘到手，節節貫穿地捯出。身、手、步協調，說到一齊俱到，不先不後，不要單以手捯出，丟開其他部分不管，否則就達不到「上下相隨」和勁路上的要求。捯出時右臂要微屈。

第十九式　提手上勢

「提手上勢」由「右手揮琵琶」和「提手」兩勢組成。

一、右手揮琵琶

身體重心漸漸全部移於右腿，同時，腰微右轉，左腳隨移重心提起向前跟半步，先以腳尖著地，然後身體重心漸漸全部移於左腿使全腳踏實，坐實左腿，右腳提起向前邁半步，以腳跟著地，腳尖翹起，成右虛步；左手隨轉腰臂微外旋，弧形向前抄起，掌心向右，指尖朝前上方，高與胸齊；右掌同時也隨轉腰臂內旋，向身體中線合去，掌

圖107

圖108

心向左，指尖朝前上方，高與眉齊；眼神顧及右掌，向前平視。（圖 107、圖 108）

【要領】

「右手揮琵琶」與第八式「手揮琵琶」要領相同，唯左右相反。

二、提　手

與第五式「提手上勢」二「提手」動作相同。（圖109～圖111）

【要領】

與第五式「提手上勢」二「提手」要領相同。

圖 109

圖 110

圖 111

圖 112

圖 113

第二十式　白鶴亮翅

與第六式「白鶴亮翅」動作相同。（圖 112）

【要領】

與第六式「白鶴亮翅」要領相同。

第二十一式　左摟膝拗步

與第七式「左摟膝拗步」動作相同。（圖 113～圖117）

【要領】

與第七式「左摟膝拗步」要領相同。

第二十二式　海底針

1. 身體重心漸漸全部移於左腿，右腳提起向前跟半步落下，先以腳尖著地，然後身體重心後移使全腳踏實，左

圖 114

圖 115

圖 116

圖 117

腳提起，腳尖自然下垂，身體重心前移時腰微左轉，重心後移時腰微右轉；右掌隨重心前移臂前送，重心後移時臂外旋向回抽，掌心向左，指尖朝前，高與肩平；左掌同時也隨重心前移時向下微按，重心後移時臂外旋，弧形向前

圖118

圖119

圖120

上抄，掌心向右，指尖朝上，高與胸平；眼神顧及右掌，向前平視。（圖118、圖119）

2.身體重心不變，右腿下蹲，左腳同時向前邁半步，腳尖著地成左虛步，腰微左轉，同時，向前折腰；右掌隨折腰向下插，掌心向左，指尖朝下；左掌同時也隨折腰弧形向左下側按，掌心向下，指尖朝前；眼神顧及右掌，略向前視。（圖120）

【要領】

1.當身體重心前移時，右腿漸起，腹部微前送，右肩、肘、手微向前展，左肩、肘、手微向下沉，勢不偏不倚。當身體重心後移時，右腰胯微後抽，右膝漸蹲，由腰

勁領回右肘、右腕，左腿、手隨動作同時領起，周身每一關節均要鬆開，身體中正安舒。當折腰時，左腳尖虛點地面，膝微弓，重心仍在右腿，不可稍前移。同時，右手下插時，腰微左鬆轉，手隨腰轉動，以肩催肘，以肘催手，右腳跟、右腰眼、右掌要形成「三角合力」。

更要注意，右手下插時，弧線應由前往下，而不是由裏往下。同時，折腰時頭部仍需虛領頂勁，脊腰保持成直線，避免低頭弓背，使腹內鬆淨沉氣。整個動作要做到「動作柔和，內外協調，一動無有不動，勁路節節貫穿」的要求。

2. 此式是拿法或解拿法。所謂拿法是：當拿住對方的腕部時，以左手按住右腕向下用的是採勁。所謂解拿法（破拿法）是：當被對方拿住腕部時，以右手向下引化對方的力，在引化的過程中用刁手反拿對方的腕部，是謂「何謂打，化即是打」是也。

第二十三式　扇通背

1. 身體重心漸漸全部移於右腿坐實，同時，腰右轉直起，左腿隨直腰提起，腳尖自然下垂；右臂隨直腰臂內旋向前抬起，掌心向下，指尖朝前，高與肩平；左手同時也隨直腰臂外旋，弧形向前抄起，掌心向右，指尖朝上，高與胸平；眼神顧及右掌，向前平視。（圖121）

圖121

2.身體重心不變，左腳向前邁出，先以腳跟著地，然後身體重心前移使全腳踏實，弓左腿、蹬右腿成左弓步，同時腰右轉；右臂隨轉腰臂內旋向右上側托，掌心向外，指尖朝上，高與右額齊；左掌同時隨轉腰臂內旋向前按，掌心向前，指尖朝上，高與肩平；眼神顧及左掌，向前平視。（圖122、圖123）

【要領】

1.直腰翻掌，弓步推掌是一吸一呼，一蓄一發。起身收步提手一動俱動，弓步托掌一到俱到。

2.起身時不能使自己彆扭，要做到腿實、腰鬆、腕肘靈活旋轉；進步弓步不能自僵，要做到肩沉、肘墜、臂屈、脊勁通臂而且圓轉柔順；定勢時要做到勢定意不停，肩與胯、肘與膝、手與足形合意連，既能四方支撐，又能轉換八面。

3.做「扇通背」的動作時往往容易挺胸、直臂，這就

圖122

圖123

不符合「勁以曲蓄而有餘」的要求，也不符合「含胸拔背」的要求。所謂「勁以曲蓄而有餘」，就是要使動作還有伸展的餘地，因此，做太極拳的任何動作，手臂與兩腿都不能伸直或挺直。弧形要圓滿，處處要有能「八面支撐」的意思。

第二十四式　轉身撇身捶

1.身體重心漸漸移於右腿，左腳尖隨移重心內扣 90°，同時，腰右轉 90°；右手隨轉腰臂內旋，由掌變拳弧形由上向下壓，拳心向下，拳眼朝內，高與腹齊；左掌同時也隨轉腰弧形向面前抄，掌心向外，指尖朝右，高略過於額；眼神顧及兩手，向前平視。（圖 124）

2.身體重心漸漸全部移於左腿坐實，右腿提起，腳尖自然下垂，同時，腰右轉 90°；右拳隨轉腰臂微外旋弧形向上抬，拳心向內，拳眼向上，高與胸平；左掌同時也隨

圖 124

圖 125

圖 126

轉腰臂外旋弧形向下按，掌心向下，指尖朝右，高與胸平；眼神顧及兩手，向前平視。（圖 125、圖 126）

3.身體重心不變，腰微右轉，右腳向前邁出，先以腳跟著地，腳尖微翹成右虛步；右拳隨轉腰臂外旋向前撇出，拳心向上，拳眼朝右，高與胸平；左掌同時也隨轉腰向下按，掌心向下，指尖朝前，高與腹齊；眼神顧及右拳，向前平視。（圖 127）

4.身體重心漸漸移於右腿，右腳隨重心前移踏實，弓右腿、蹬左腿成右弓步，同時，腰右轉；右拳隨轉腰弧形向回抽，拳心向上，拳眼朝右，高與腰齊；左掌同時也隨轉腰臂內旋向前按出，掌心向前，指尖朝上，高與肩平；眼神顧及左掌，向前平視。（圖 128）

【要領】

1.由「扇通背」向「轉身撇身捶」過渡時，重心需要左右轉換。在左右轉換時要注意襠部的運動軌跡，忌忽高

圖127   圖128

忽低，也不能走直線，要走後弧。太極拳在整個套路運動過程中，襠部的運動軌跡是非常重要的，襠是太極拳十三勢的重要一勢。

楊式太極拳對襠的要求是：圓襠、吊襠，襠的運動軌跡是走後弧；忌翹襠、搖襠、涮襠。

2. 由「扇通背」向「轉身撇身捶」過渡時，動作要貫通相連，雙臂翻轉要隨腰連動，有如拋物之感。同時注意，右臂隨轉體應「橫肘豎落」，而不是像掄一圓圈似地畫過去。

3.「轉身撇身捶」整個動作的手、眼、身、步要處處協調、順遂，環環相扣，不可有停頓斷勁之處。

4. 左腳尖內扣時，要隨移重心扣腳尖，不能先扣腳尖再移重心，也不能先移重心再扣腳尖。按要求左腳尖要內扣135°，但初學者一般不宜做到，可先內扣90°。當右腿弓步時，左腳跟可向後蹬出來調整左腳尖內扣的不足。故

拳論曰：「有不得機得勢處，必於腰腿求之。」

第二十五式　進步搬攔捶

「進步搬攔捶」由「搬」「攔」「捶」三勢組成。

一、搬

1. 身體重心漸漸移於左腿，腰微左轉；左掌隨轉腰臂外旋，弧形向回收，掌心向上，指尖朝右，高與胸平；右拳同時也隨轉腰臂內旋，弧形向上掤，拳心向下，拳眼朝內，高與肩平；眼神顧及右拳，向前平視。（圖129）

2. 身體重心繼續移向左腿，同時腰左轉；左掌隨轉腰弧形向左後側沉，掌心向上，指尖朝前，高與腹齊；右拳同時也隨轉腰弧形向左前沉，拳心向下，拳眼朝內，高與腹平；眼神顧及右拳，向前平視。（圖130）

3. 身體重心全部移於左腿坐實，右腳提起，腳尖自然

圖129

圖130

圖 131　　　　　　　　圖 132

下垂，同時，腰左轉；右拳隨轉腰臂外旋，弧形回抄於胸前，拳心向下，拳眼朝內，高與胸平；左掌同時也隨轉腰臂內旋，弧形向左上側抄，掌心向前，指尖朝上，高與耳齊；眼神顧及右拳，向前平視。（圖 131）

　4.與第十二式「進步搬攔捶」一「搬」動作 4 相同，唯方向相反。（圖 132）

二、攔

　與第十二式「進步搬攔捶」二「攔」動作相同，唯方向相反。（圖 133、圖 134）

三、捶

　與第十二式「進步搬攔

圖 133

圖 134　　　　　　　　　圖 135

捶」三「捶」動作相同，唯方向相反。（圖 135）

【要領】

與第十二式「進步搬攔捶」要領相同，只是承上式的銜接動作不同。前面承上式「左摟膝拗步」，此式承接「轉身撇身捶」。

第二十六式　上步攬雀尾

「上步攬雀尾」由「右掤」「捋」「擠」「按」四勢組成。

1. 身體重心漸漸移於右腿成左虛步，隨移重心左腳尖向外撇 45°，同時，腰左轉；左手隨轉腰臂外旋，弧形向回抽，掌心向上，指尖朝右前方，高與腹齊；右手同時也隨轉腰臂內旋，由拳變掌，掌心向下，指尖朝左前方，高與胸平；眼神顧及兩掌，向前平視。（圖 136）

2. 身體重心漸漸移於左腿，弓左腿、蹬右腿成左弓

圖 136

圖 137

步，腰微左轉；左手隨移重心臂內旋，弧形向上抄，掌心朝前下側，指尖向右上方，高與胸平；右手同時也隨移重心臂外旋，弧形向下抄，掌心朝裏，指尖向左，高與胸齊；眼神顧及兩掌，向前平視。（圖 137）

一、右 掤

1. 身體重心漸漸全部移於左腿坐實，右腳提於左腳旁，腳尖自然下垂，同時，腰微左轉；右手隨轉腰臂內旋，弧形向下抄，掌心向上，指尖朝左，高與腹齊；左手同時也隨轉腰臂內旋，掌心向下，指尖朝右前方，高與胸平；眼向前平視。（圖 138）

圖 138

圖 139   圖 140

2. 與第三式「攬雀尾」二「右掤」動作 3 相同。（圖139、圖 140）

【要領】

與第三式「攬雀尾」二「右掤」要領相同。

二、捋

與第三式「攬雀尾」三「捋」勢動作相同。（圖141、圖 142）

【要領】

與第三式「攬雀尾」三「捋」勢要領相同。

三、擠

與第三式「攬雀尾」四「擠」勢動作相同。（圖143、圖 144）

圖 141

圖 142

圖 143

圖 144

【要領】

與第三式「攬雀尾」四「擠」勢要領相同。

四、按

與第三式「攬雀尾」五「按」勢動作相同。（圖 145～圖 147）

【要領】

與第三式「攬雀尾」五「按」勢要領相同。

圖 145

圖 146

圖 147

第二十七式　單鞭

與第四式「單鞭」動作相同。（圖148～圖153）

【要領】

與第四式「單鞭」要領相同。

圖 148

圖 149

圖 150

圖 151

圖 152

圖 153

圖 154

第二十八式　雲手

「雲手」由三個「雲手」組成。

雲手（一）

1. 身體重心漸漸移於右腿，蹬左腿，弓右腿，左腳尖內扣 90°，成右側弓步，同時，腰右轉；左手隨轉腰鬆腕放平，屈肘向胸前平抹，掌心向下，指尖朝前，高與胸平；右手同時也隨轉腰由吊手變為掌，屈臂向後平抹，掌心向下，指尖朝前，高與肩平；眼神顧及兩掌，向前平視。（圖 154）

2. 身體重心漸漸移於左腿，蹬右腿、弓左腿成左側弓步，同時，腰左轉；左掌隨轉腰向左平抹，掌心向下，指

尖朝左，高與肩平；右掌同時也隨轉腰臂外旋，弧形向下抄，掌心向內，指尖朝下，高與小腹齊；眼神顧及右掌往下抄，隨即顧及左掌向左平抹。（圖 155）

3.身體重心全部移於左腿坐實，右腳提起，先以腳跟離地，腳尖自然下垂，向左收半步落下，先以腳尖著地，然後身體重心右移使全腳踏實，同時，腰微右轉；右掌隨轉腰弧形向右上側運轉，掌心向裏，指尖朝左，高與眼齊；左掌同時也隨轉腰臂外旋，弧形向下抄，掌心向裏，指尖朝右，高與腹齊；眼神顧及右掌向右上側運轉，隨即向前平視。（圖 156、圖 157）

圖 155

圖 156

圖 157

圖 158　　　　　　　　　圖 159

4. 身體重心漸漸全部移於右腿坐實，腰微右轉，左腳提起，先以腳跟離地，腳尖自然下垂，向左側橫跨半步，先以腳尖著地，然後身體重心左移使全腳踏實，成小馬步，同時，腰左轉；左掌隨轉腰弧形向左上側運，掌心向內，指尖朝右，高與眼齊；右掌同時也隨轉腰臂外旋，弧形向下抄，掌心向裏，指尖朝左，高與腹齊；眼神顧及左掌向左上側運轉，隨即向前平視。（圖 158、圖 159）

【要領】

1.「雲手」步法要平行橫向移動，抬腳時腳跟先提起，落地時腳尖先著地，然後腳的內側依次著地，最後全腳踏實，而不能以腳跟或腳的外側先著地（注：《楊式太極拳用法解要》一書中此段將「內」錯寫成了「外」，在此特加更正）。一腳踏實後再抬另一腳，此起彼落，連綿不斷，但切記不能因為開步和合步而使姿勢忽高忽低，或兩腳移動時抬起太高，而要以腰、腿、膝控制和協調整個

身體的橫向移動保持相對平穩。

2. 兩臂運勢時要隨腰圓轉，無論雲到何處，兩臂不能架起，也不能夾肋，不可散開，要自然舒展、圓活、緊湊。比如，手在正面時，一手在上，一手在下，兩手垂直距離不能太遠。轉向兩邊時一手必須在另一肘內側，接近腕部，而不能過低或過遠。

3. 「雲手」時，四肢運動和身體轉動均要以腰為軸，腰隨手走，步隨身換，緩緩轉動，徐徐呼吸。不可出現左斜右歪、前俯後仰、忽快忽慢之勢，要保持立身中正和呼吸順遂舒暢的要求。

雲手（二）

與「雲手（一）」動作3、動作4相同。（圖160～圖163）

【要領】

與「雲手（一）」要領相同。

圖160

圖161

圖 162

圖 163

雲手(三)

　　與「雲手（一）」動作3、動作4相同。（圖164～圖167）

圖 164

圖 165

圖 166　　　　　　　　　圖 167

【要領】

與「雲手（一）」要領相同。

第二十九式　單　鞭

1. 身體重心漸漸
移於右腿，腰右轉；
右手隨轉腰由胸前向
右上側掤出，掌心向
裏，指尖朝前，高與
耳平；左手同時也隨
轉腰弧形向下抄，掌
心向裏，指尖朝右，
高與腹齊；眼神顧及
右手，向前平視。
（圖 168）

圖 168

119

2. 與第四式「單鞭」動作 3 相同。（圖 169）

3. 與第四式「單鞭」動作 4 相同。（圖 170、圖 171）

【要領】

與第四式「單鞭」要領相同。

圖 169

圖 170

圖 171

第三十式　高探馬

1. 身體重心漸漸全部移於左腿坐實，右腳隨移重心提起，向前跟進半步，腳尖自然下垂，同時，腰微左轉；左手隨轉腰臂外旋，掌心向上，指尖朝前，高與胸平；右手同時也隨轉腰由吊手變為掌，臂外旋，然後屈臂向前收，掌心向前，指尖朝上，高與耳齊；眼神顧及左掌，向前平視。（圖 172）

2. 身體重心不變，腰微右轉，右腳先以腳尖著地，然後身體重心後移使全腳踏實，左腳隨移重心提起成右獨立步；左手隨轉腰微向回收，掌心向上，指尖朝右前方，高與胸平；右手同時弧形向下落，掌心向下，指尖朝左前方，高與胸平；眼神顧及兩掌，向前平視。（圖 173）

3. 身體重心不變，腰微左轉，左腳原地落下，以腳尖著地；左手隨轉腰弧形向回收，掌心向上，指尖朝右，高

圖 172

圖 173

圖174

與腹齊；右手同時也隨轉腰向前探出，掌心向下，指尖朝前，高與肩平；眼神顧及右掌，向前平視。（圖174）

【要領】

1.身體重心向前移與向後移，兩腳如同蹺蹺板一樣，但身體不可出現忽高忽低的現象。

2.身體重心後移時，腰微右轉，收右胯根，隨即腰左轉，使重心平穩地過渡到右腿，然後收左胯根，帶動左腿收回左腳，身體才能避免後仰。身體立起時，左腳隨收，但身勢隨右掌探出而上拔向前，右腿微屈，氣沉丹田，含胸頂懸，上下意氣對拉，避免身體前俯、頭向前伸。

3.右掌前探時，注意鬆肩鬆肘，掌高不過肩，左掌帶回時要沉腕，肘不夾肋，兩臂呈弧形，氣勢騰然飽滿。

第三十一式　左右分腳

「左右分腳」由「右分腳」與「左分腳」兩勢組成。

一、右分腳

1.身體重心漸漸全部移於右腿坐實，左腳提起，腳尖自然下垂，同時，腰右轉，隨即左轉；右手隨轉腰向右弧形抹轉，掌心向下，指尖朝左，高與肩平；左手同時也隨轉腰向右、向前弧形抹轉，掌心向上，指尖朝右，高與胸

平；眼神顧及右掌，向前平視。（圖175）

2. 身體重心不變，腰微左轉，左腳向左前方（東北方向）邁出，先以腳跟著地，然後身體重心前移使全腳踏實，弓左腿、蹬右腿成左弓步；左掌隨轉腰微回收，掌心朝上，指尖向右，高與腹齊；右掌同時也隨轉腰向前探出，掌心向下，指尖朝前，高與肩平；眼神顧及右掌，向前平視。（圖176、圖177）

3. 身體重心漸漸移於右腿成左虛步，同時，腰右轉；左掌隨轉腰弧形向右平抄，掌心朝上，指尖向右，高與腹齊；右掌同時也隨轉腰向右弧形平抹，掌心向下，指尖朝前，高

圖175

圖176

圖177

圖 178   圖 179

與肩平；眼神顧及右掌，向前平視。（圖 178）

4. 身體重心漸漸全部移於左腿坐實，右腳提於左腳旁，腳尖自然下垂，成左獨立步，同時，腰左轉；左手隨轉腰臂內旋，微向上抄，掌心向內，指尖朝右上側，高與胸平；右手同時也隨轉腰臂外旋，弧形抄於左手外側，掌心向內，指尖朝左上側，高與胸平；兩腕交叉貼在一起；眼神顧及兩掌，向前平視。（圖 179、圖 180）

5. 身體重心不變，仍為左獨立步，腰微右轉，右腳提起向右前方（東南方向）分出，腳面自然繃平，腳尖朝前，高與胯齊；兩掌同時隨轉腰臂內旋，經面前由上弧形向左右兩側分開，掌心向前，指尖各朝左右，高與肩平；眼神顧及右掌，向前平視。（圖 181）

【要領】

1. 身體重心在左右移動時，要注意保持周身一家，不能出現前俯後仰的現象。同時，要將蕩勁體現出來。楊式

圖180　　　　　　　　　　圖181

太極拳虛腿拳架的特點之一就是練蕩勁的。如果掌握不好或者根本不瞭解其要領，就會出現姿勢散亂或者姿勢呆滯，甚至出現膝關節疼痛等弊端。

2. 兩掌各抹轉一個平圓時，臂要呈弧形，肘部稍沉，抹轉平圓要均勻。右臂在抹轉後探出時也不可挺直。

3. 兩掌合抱交叉後仍須隨左腿立起而柔和地向上、向外微移，才顯得輕靈、沉著。如果左腿立起時兩掌交叉著不動，就會產生呆滯現象。合抱時兩掌腕部不可鬆懈地彎曲。

4. 兩手分開要和右腳一致。同時，兩臂不可伸得太直，要微屈肘，使前臂稍向身體前方彎曲，肘部略沉，低於腕部，並要坐腕。切記不要出現先將兩手分開後再分腳，也不能先將腳分出去後再分手，這樣就違背了「上下相隨，手到腳到」的要領了。

5. 分腳時身體要穩定，不可俯、仰、傾、側。兩肩不可為了保持身體平衡而緊張，要鬆肩。只有虛領頂勁和氣

沉丹田才會使身體保持平衡。

二、左分腳

1.右腳下落，腳尖自然下垂，左腿漸漸下蹲，腰微右轉；左掌隨轉腰臂內旋，屈肘弧形向右抹，掌心向下，指尖朝右，高與胸平；右掌同時也隨轉腰臂外旋，屈肘弧形回收，掌心向裏，指尖朝左，高與胸平；眼神顧及兩掌，向前平視。（圖182）

圖182

2.與一「右分腳」動作 2 相同，唯左右相反。（圖183、圖184）

3.與一「右分腳」動作 3 相同，唯左右相反。（圖

圖183

圖184

185）

4. 與一「右分腳」動作 4 相同，唯左右相反。（圖 186、圖 187）

5. 與一「右分腳」動作 5 相同，唯左右相反。（圖 188）

圖 185

圖 186

圖 187

圖 188

【要領】

與「右分腳」要領相同，唯左右相反。「右分腳」方向為東南方，「左分腳」方向為東北方。

第三十二式　轉身蹬腳

1.左腳落下，左膝與胯平，腳尖自然下垂；同時，兩掌由左右兩側弧形由下向前抄於胸前，兩腕相交，左掌在外，掌心向內，指尖朝右上方，高與胸齊，右掌在內，掌心向內，指尖朝左上方，高與胸齊；然後，以右腳跟為軸，身體由左向後轉180°；眼神顧及兩掌，向前平視。（圖189、圖190）

2.兩掌同時隨臂內旋向上弧形往左右兩側分開，掌心向前，指尖各朝左右，高與肩平；同時，左腳腳跟向左側蹬出，腳心朝前，腳尖向上，高與胯齊，右腿隨著左腳蹬出漸漸起立，右膝仍微屈；眼神顧及左掌，向前平視。

圖189

圖190

圖 191

（圖 191）

【要領】

1.凡分腳或蹬腳勢，兩手合十時，無論出哪條腿，無論哪隻手在外，兩腕部均不可鬆懈彎曲，仍要微斜向前掤。

2.凡蹬腳，勁貫腳跟。不論是分腳或蹬腳，都要邊提膝邊出腿。在演練中要求速度均勻地分出或蹬出，在單勢練習時應快速出腿、迅速收回，並帶發勁。在老架子演練過程中要求出腿要迅速並帶發勁。

第三十三式　左右摟膝拗步

「左右摟膝拗步」由「左摟膝拗步」與「右摟膝拗步」兩勢組成。

一、左摟膝拗步

1.左腳落下，腳尖自然下垂，左膝與胯平，右腿漸漸下蹲，同時，腰微右轉；左掌隨轉腰臂內旋，屈臂弧形收

於胸前，掌心向下，指尖朝右，高與胸平；右掌同時也隨轉腰臂外旋，微向後捌，掌心向上，指尖朝右，高與肩平；眼神顧及左掌，向前平視。（圖192）

2.左腳向前邁出，先以腳跟著地，然後身體重心前移使全腳踏實，弓左腿、蹬右腿成左弓步，同時，腰左轉；左掌隨轉腰臂內旋，弧形向左下側摟，掌心向下，指尖朝前，高與胯齊；右掌同時也隨轉腰臂內旋，屈臂弧形收於右耳旁向前按出，掌心向前，指尖朝上，高與肩平；眼神顧及右掌，向前平視。（圖193、圖194）

圖192

圖193

圖194

楊式太極拳闡秘

【要領】

與第七式「左摟膝拗步」要領相同。

二、右摟膝拗步

與第九式「左右摟膝拗步」二「右摟膝拗步」動作相同，唯方向相反。（圖195～圖199）

【要領】

與第七式「左摟膝拗步」要領相同，唯左右相反。

圖195

圖196

圖197

圖 198   圖 199

第三十四式　進步栽捶

1. 身體重心漸漸移於左腿成右虛步，同時，腰右轉，隨轉腰，右腳以腳跟為軸，腳尖向外撇 45°；右手隨轉腰臂內旋，由掌變拳弧形向後擺，拳心向後，拳眼朝內，高與胯齊；左手同時也隨轉腰鬆腕屈臂向回收，掌心向下，指尖朝右，高與肩平；眼神顧及左掌，向前平視。（圖 200）。

2. 身體重心漸漸移於右腿，弓右腿、蹬左腿成右弓步，同時，腰微右轉；右拳隨轉腰臂外旋，向右後側擺，拳心向後，拳眼朝內，高與胯齊；左手同時也隨轉腰向下按，掌心向下，指尖朝右，高與胸平；眼神顧及左掌，向前平視。（圖 201）

3. 身體重心漸漸全部移於右腿坐實，同時，腰微右轉，左腳隨轉腰提於右腳旁；右拳隨轉腰向右後側擺，拳

圖 200

圖 201

圖 202

心向後，拳眼朝內，高與胯
齊；左手同時也隨轉腰向下
按，掌心向下，指尖朝右，
高與腹齊；眼神顧及左掌，
向前平視。（圖 202）

　　4. 身體重心不變，腰左
轉，左腳隨轉腰向前邁出，
先以腳跟著地，然後身體重
心前移使全腳踏實，弓左
腿、蹬右腿成左弓步；左掌
隨轉腰臂內旋，由左膝前弧
形向左下側摟，掌心向下，
指尖朝前，高與胯齊；右拳同時也隨轉腰臂外旋，弧形經
右腰際向前下方擊出，拳心向左，拳眼朝前，高與腹平；
眼神顧及左掌摟過左膝，隨即顧及右拳擊出，向前平視。

133

圖 203　　　　　　　　圖 204

（圖 203、圖 204）

【要領】

1. 身體重心在左右腿相互轉換時，既要體現出蕩勁，又要保持固勁。「蕩」與「固」是一對矛盾，必須真正理解後，才能使之做得遊刃有餘，初學者尤其要注意。

2. 當左腳向前邁步腳跟尚未著地時，上體應注意保持正直；當左掌摟過左膝時，上體隨右拳下打折腰，拳到勢到。折腰時，自頸脊到腰脊仍要保持成直線，不可弓背、低頭或抬頭。

3. 身體重心全部移到右腿時，勁點在右掌小指、尺骨一側；上步摟膝時，勁點在左掌小指、尺骨一側；弓步時勁點在右拳拳面或拳背。注意虛領頂勁，沉腰胯，腳跟之勁節節貫穿於右拳，擊地時兩臂仍微屈，勁發而有餘。

第三十五式　轉身撇身捶

　　1. 身體重心漸漸移於右腿，同時，左腳尖內扣 90°，弓右腿、蹬左腿成右側弓步，腰右轉；右拳隨轉腰臂內旋，屈臂上抬，拳心向下，拳眼朝內，高與腹齊；左掌同時也隨轉腰弧形向面前抄，掌心向外，指尖朝右，高略過於額；眼神顧及兩手，向前平視。（圖 205）

　　2. 與第二十四式「轉身撇身捶」動作 2 相同，唯方向相反。（圖 206、圖 207）

圖 205

圖 206

圖 207

圖 208　　　　　　　　圖 209

3. 與第二十四式「轉身撇身捶」動作 3 相同，唯方向相反。（圖 208）

4. 與第二十四式「轉身撇身捶」動作 4 相同，唯方向相反。（圖 209）

【要領】

與第二十四式「轉身撇身捶」要領相同。

第三十六式　進步搬攔捶

「進步搬攔捶」由「搬」「攔」「捶」三勢組成。

一、搬

與第二十五式「進步搬攔捶」一「搬」動作相同，唯方向相反（圖 210～圖 213）

圖 210

圖 211

圖 212

圖 213

二、攔

與第二十五式「進步搬攔捶」二「攔」動作相同，唯方向相反。（圖 214、圖 215）

圖 214　　　　　　　　　圖 215

三、捶

與第二十五式「進步搬攔捶」三「捶」動作相同，唯
方向相反。（圖 216）

【要領】

與第二十五式「進步搬攔捶」要領相同。

第三十七式　右蹬腳

1. 身體重心漸漸移於右腿，成左虛步，左腳尖隨移重
心隨向外撇 45°，同時，腰左轉；左手隨轉腰臂內旋，向
左平抹，掌心向下，指尖朝左，高與肩平；右拳同時也隨
轉腰臂內旋，由拳變掌向右平抹，掌心向下，指尖朝右，
高與肩平；眼向前平視。（圖 217）

2. 身體重心漸漸全部移於左腿坐實，右腳提於左腳
旁，腳尖自然下垂，同時，腰微左轉；兩掌隨轉腰臂外
旋，由左右兩側弧形由下向前、往上抄，兩腕相交於胸

圖 216

圖 217

圖 218

圖 219

前，左掌在內，右掌在外，左掌心向內，指尖朝右上側，
高與胸平，右掌心也向內，指尖朝左上側，高與胸平；眼
神顧及兩掌，向前平視。（圖218、圖219）

　　3.右腳向右前方蹬出，腳心向前，腳尖朝上，高與胯
齊，同時，腰微右轉；兩掌隨轉腰臂內旋，由面前弧形向

圖 220

左右兩側弧形分劈，掌心向前，指尖各朝左右，高與肩平；眼神顧及右掌右腳，向前平視。（圖220）

【要領】

1. 凡蹬腳或分腳，要使前腳、手方向一致，背部要圓。所立之腿，勁通腳跟，立如平準。

2. 其他要領參閱第三十一式「左右分腳」和第三十二式「轉身蹬腳」的有關要領。

第三十八式　左打虎勢

1. 右腳漸漸下落虛懸，腳尖自然下垂，左腿微微下蹲，腰微右轉；左掌隨轉腰臂外旋，屈肘收於胸前，掌心向裏，指尖朝右，高與胸齊；右掌同時也隨轉腰臂內旋，屈肘回收，掌心向上，指尖朝左，高與肩平；眼神顧及右掌，向前平視。（圖221）

圖 221

2. 右腳落於左腳旁，兩腳距離稍窄於肩，先以腳尖著地，然後身體重心漸漸移於右腿使全腳踏實，左腳隨移重心提起，腳跟先離地，同時，腰

微右轉；兩掌隨轉腰向下移，右掌形不變；左掌隨移外旋，掌心向上，指尖朝右，高與胸平；眼神顧及兩掌，向前平視。（圖222）

圖222

3. 身體重心漸漸全部移於右腿坐實，左腳提起向左後側邁出，先以腳跟著地，然後重心左移使全腳踏實，弓左腿、蹬右腿成左側弓步，同時，腰右轉；左手隨轉腰臂內旋，由掌變拳，弧形上抄於左額上方，拳心向外，拳眼朝下，高略過於額；右手同時也隨轉腰臂外旋，由掌變拳，弧形下落抄於胸前，拳心向內，拳眼向上，高與胸平；眼神顧及兩拳，向前平視。（圖223、圖224）

圖223

圖224

【要領】

1.「打虎勢」在整體動作上要求處處對稱協調，上下相隨一致。比如，當右腳下落時，腰胯控制住身體的平衡，左腿相應地下蹲，同時沉肩墜肘，兩掌向右移動，避免單是右腳下落、再移手、再下蹲等呆滯的現象。

轉身邁步的同時鬆右腿關節，轉身就會自然鬆活。兩臂在隨腰左轉的同時，也相應地向左平移，這樣才能做到「邁步如貓行」和圓轉自如，而不是先邁步、再轉腰、再移手的機械動作。當將成「打虎勢」時，要一邊握拳，一邊弓腿，一邊上下合手，腿到手到，上下相隨，而不是腿先到、再合手、再擰身。

定勢時，要注意兩臂呈弧形，但不可亮肘，勁要圓滿曲蓄，但防止聳肩弓背。眼神、面部表情要自然，不可故作怒目威嚴之勢。

2.左掌勁點隨身體左轉由掌背尺骨一側旋至拳面。右掌勁點在掌緣、腕、前臂下側，繼而成拳，主採勁。旋轉身體時，內氣鬆沉，胸前似有一團氣，團聚而圓轉。

第三十九式　右打虎勢

1.身體重心漸漸移於右腿，弓右腿、蹬左腿成右側弓步，同時，左腳尖內扣，腰右轉；左手隨轉腰由拳變掌，弧形下落，掌心向下，指尖朝左，高與肩平；右手同時也隨轉腰臂外旋，由拳變掌，掌心向上，指尖朝左，高與肩平；眼神顧及左掌，向前平視。（圖225）

2.身體重心漸漸全部移於左腿坐實，右腳提起，腳尖自然下垂，同時，腰右轉；左手隨轉腰弧形向胸前抹，掌

圖 225

心向下，指尖朝前，高與腹齊；右手同時也隨轉腰向右擺，掌心向上，指尖朝前，高與腹齊；眼神顧及兩掌，向前平視。（圖226、圖227）

　　3.右腳向右前方邁出，先以腳跟著地，然後身體重心

圖 226

圖 227

圖 228

圖 229

前移使全腳踏實，弓右腿、蹬左腿成右側弓步，同時，腰左轉；右手隨轉腰臂內旋，由掌變拳，弧形上抄於左額前上方，拳心向外，拳眼朝下，高略過於額；左手同時也隨轉腰臂外旋，由掌變拳，弧形下落抄於胸前，拳心向內，拳眼向上，高與胸平；眼神顧及兩拳，向前平視。（圖228、圖229）

【要領】

與第二十八式「左打虎勢」要領相同，唯左右相反。

第四十式　回身右蹬腳

1. 身體重心漸漸移於左腿，弓左腿、蹬右腿成左側弓步，同時左腳尖外撇，腰左轉；左手隨轉腰臂內旋，由拳變掌，弧形向左上側捌，掌心向下，指尖朝前，高與肩平；右手同時也隨轉腰由拳變掌，弧形下落，掌心向下，指尖朝前，高與肩平；眼神顧及兩掌，向前平視。（圖230）

圖230

圖231

2.身體重心漸漸全部移於左腿坐實，右腿提起，膝與胯平，腳尖自然下垂，腰微左轉；左掌隨轉腰臂外旋，由左側弧形向下抄於胸前，掌心向內，指尖朝右上側，高與胸平；右掌同時也隨轉腰臂外旋，由右側弧形向下抄於胸前，掌心向內，指尖朝左上側，高與胸平，兩腕相交，左掌在內，右掌在外；眼神顧及兩掌，向前平視。（圖231）

圖232

3.右腳向右前方蹬出，腳心向前，腳尖朝上，高與胯齊，同時，腰微右轉；兩掌隨轉腰臂內旋，弧形向左右兩側分開，掌心向前，指尖各朝左右，高與肩平；眼神顧及

右掌右腳，向前平視。（圖232）

【要領】

與第三十七式「右蹬腳」要領相同。

第四十一式　雙峰貫耳

1.右腳落下，右膝提起，高與胯齊，腳尖自然下垂；以左腳跟為軸，左腳尖內扣45°，同時，身體右轉；兩掌隨轉體臂外旋，弧形墜肘落於胸左右兩側，掌心向上，指尖朝前，高與腹平；眼神顧及兩掌，向前平視。（圖233、圖234）

2.右腳向前邁出，先以腳跟著地，然後身體重心前移使全腳踏實，弓右腿、蹬左腿成右弓步；兩手同時隨向前邁步臂內旋，由掌變拳，弧形由左右兩側向上沖，兩拳心向前，拳眼相對，高與耳齊；眼神顧及兩拳，向前平視。（圖235、圖236）

圖233　　　　　　　　圖234

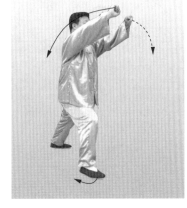

圖 235　　　　　　　　圖 236

【要領】

1. 落右腳、扣左腳、轉身要隨著落臂、沉肩、鬆腰、落胯一起動，使轉身動作鬆柔沉穩。將要邁步時，要坐實左腿，收住左胯，然後以左腿漸蹲來控制右腿向前邁步。身體要保持正直，手腳速度要均勻配合。

2. 轉身時為合勁，勁點在兩掌背和右腳掌。兩掌下落向膝兩旁畫弧時為開勁，勁點在兩掌背和小指尺骨一側。邁步時襠勁下沉，以兩肘下沉帶動兩掌，用整體勁沉著鬆淨地落下、畫開。兩掌由下向前、向上畫弧為開合勁：往前往上時勁點在前臂外側掤住，為開勁；定式時為合勁，勁點在兩虎口。弓步時，勁起腳跟，由腿而腰而背，節節貫穿於兩拳勾擊，腿到、身到、手到，協調而完整。

第四十二式　左蹬腳

1. 身體重心漸漸移於左腿成右虛步，右腳尖外撇 45°，

圖 237

同時，腰右轉；兩手同時隨轉腰由拳變掌，向左右方落下，兩掌心向下，指尖各朝左右，高與肩平；眼向前平視。（圖237）

2. 身體重心漸漸全部移於右腿坐實，左腳提起，膝與胯齊，腳尖自然下垂，同時，腰右轉；左掌隨轉腰臂外旋，經左側弧形由下向上抄於胸前，掌心向內，指尖朝右上側，高與胸平；右掌同時也隨轉腰臂外旋，經右側弧形由下向上抄於胸前，掌心向內，指尖朝左上側，高與胸平，兩腕相交，左掌在內，右掌在外；眼神顧及兩掌，向前平視。（圖238）

3. 左腳向左前方蹬出，腳心向前，腳尖朝上，高與胯齊，同時，腰微左轉；兩掌隨轉腰臂內旋，弧形向左右兩側弧形分劈，掌心向前，指尖各朝左右，高與肩平；眼神顧及左掌左腳，向前平視。（圖239）

【要領】

與第三十七式「右蹬腳」要領相同，唯左右相反。

第四十三式　轉身右蹬腳

1. 左腳落下，膝略低於胯，腳尖自然下垂，以右腳掌為軸，身體迅速向右後側轉，同時，左腳隨轉體自左前向右擺，下落於右腳旁，先以腳尖著地，然後身體重心漸漸

圖 238　　　　　　　　圖 239

移於左腿使全腳踏實；兩掌同時弧形下落，掌心向下，指
尖朝前，高與腹齊；眼向前平視。（圖240、圖241）

　　2. 身體重心漸漸全部移於左腿坐實，右腳提起，腳尖
自然下垂，同時，腰微左轉；兩掌隨轉腰臂外旋，弧形由

圖 240　　　　　　　　圖 241

下向前往上抄，兩腕相交於胸前，左掌在內，右掌在外；左掌心向內，指尖朝右上側，高與胸平；右掌心向內，指尖朝左上側，高與胸平；眼神顧及兩掌，向前平視。（圖242）

3.右腳向右前方蹬出，腳心向前，腳尖朝上，高與胯齊，同時，腰微右轉；兩掌隨轉腰臂內旋，弧形向左右兩側分開，掌心向前，指尖各朝左右，高與肩平；眼神顧及右掌右腳，向前平視。（圖243）

【要領】

1.轉身時，右腳掌須在體鬆腿擺的動勢配合下才能迅速而穩定地磨轉，而不是局部地扭動。雙手的運動隨轉身而同時運動，不可身、手分開運動。身體由高到低均勻沉著，不可忽高忽低。

2.其他要領與第三十七式「右蹬腳」要領相同。

圖242

圖243

圖 244　　　　　　　　圖 245

第四十四式　進步搬攔捶

「進步搬攔捶」由「搬」「攔」「捶」三勢組成。

一、搬

1.左腿漸漸下蹲，右腳下落，膝略低於胯，腳尖自然下垂，腰微左轉；左掌隨右腳下落而屈臂收於左耳旁，掌心向前，指尖朝上，高與耳齊；右掌同時也隨右腳下落由掌變拳，屈臂弧形收於胸前，拳心向下，拳眼朝內，高與腹齊；眼神顧及右拳，向前平視。（圖244）

2.與第十二式「進步搬攔捶」動作4相同。（圖245）

二、攔

與第十二式「進步搬攔捶」二「攔」動作相同。（圖

圖 246

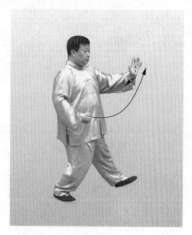

圖 247

圖 248

246、圖 247）

三、捶

與第十二式「進步搬攔捶」三「捶」動作相同。（圖248）

【要領】

與第十二式「進步搬攔捶」要領相同。

第四十五式　如封似閉

與第十三式「如封似閉」動作相同。（圖 249～圖 251）

圖 249

圖 250

圖 251

圖 252

【要領】

與第十三式「如封似閉」要領相同。

第四十六式　十字手

與第十四式「十字手」動作相同。（圖 252～圖 254）

153

圖 253

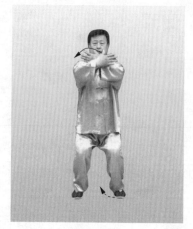

圖 254

【要領】

與第十四式「十字手」要領相同。

第四十七式　抱虎歸山

「抱虎歸山」由「右摟膝拗步」和「攬雀尾」兩勢組成。

一、右摟膝拗步

與第十五式「抱虎歸山」一「右摟膝拗步」動作相同。（圖255～圖259）

【要領】

與第十五式「抱虎歸山」—「右摟膝拗步」要領相同。

圖 255

圖 256

圖 257

圖 258

圖 259

二、攬雀尾

(一) 挒

與第十五式「抱虎歸山」二「攬雀尾」「挒」勢動作

相同。（圖260、圖261）

【要領】

與第十五式「抱虎歸山」二「攬雀尾」「捋」勢要領相同。

(二) 擠

與第十五式「抱虎歸山」二「攬雀尾」「擠」勢動作相同。（圖262、圖263）

【要領】

與第十五式「抱虎歸山」二「攬雀尾」「擠」勢要領相同。

(三) 按

與第十五式「抱虎歸山」二「攬雀尾」「按」勢動作相同。（圖264～圖266）

圖260

圖261

【要領】

　　與第十五式「抱虎歸山」二「攬雀尾」「按」勢要領
相同。

圖 262

圖 263

圖 264

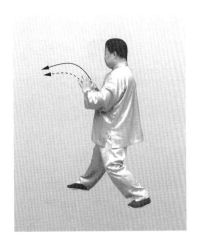

圖 265

圖 266

第四十八式　斜單鞭

　　與第四式「單鞭」動作相同，唯方向為斜方向。（圖267～圖272）

圖 267

圖 268

圖 269

圖 270

圖 271

圖 272

【要領】

與第四式「單鞭」要領相同。

第四十九式　野馬分鬃

野馬分鬃由「右野馬分鬃」「左野馬分鬃」「右野馬

分鬃」三勢組成。

一、右野馬分鬃

1. 身體重心漸漸移於右腿，同時，左腳尖內扣45°成右側弓步，腰右轉；左掌隨轉腰臂外旋，弧形回收於胸前，掌心向內，指尖朝右，高與胸平；右手同時也隨轉腰由吊手變為掌，掌心向下，指尖朝右，高與肩平；眼神顧及兩

圖273

掌，向前平視。（圖273）

2. 身體重心漸漸全部移於左腿坐實，右腳提於左腳旁，腰左轉，左掌隨轉腰臂內旋，掌心向下，指尖朝右，高與胸平；右手同時也隨轉腰臂外旋，弧形抄於腹前，掌心向上，指尖朝左，高與腹齊，兩掌如抱球狀；眼神顧及兩掌，向前平視。（圖274、圖275）

3. 右腳向右前方邁出，先以腳跟著地，然後身體重心前移使全腳踏實，弓右腿、蹬左腿成右弓步，同時，腰右轉；左手隨轉腰臂內旋，弧形向左下側採，掌心向下，指尖朝左，高與胯齊；右手同時也隨轉腰臂內旋，弧形向上掤，掌心向內，指尖朝左，高與肩平；眼神顧及右掌，向前平視。（圖276、圖277）

【要領】

1. 在身體重心左右轉換時，要注意褡的運動軌跡，不能出現下弧，下弧為涮褡；也不能出現S形，S形為搖

圖 274

圖 275

圖 276

圖 277

襠；更不能出現上坡或下坡現象，上坡或下坡為翹襠。這三種現象是太極拳最忌諱的。

　　2.動作中要注意開合有序，上下相隨，平穩連貫，意氣順達。比如，兩手抱球時為開為蓄。右腿的提起和邁

步，全憑左腿胯根處微外旋內收，下沉坐實，做到身正、肩平、肘不夾肋，氣落腰脊，小腹和後腿放鬆，起步就會自如，邁步就會輕靈。弓步分手，為合為發。勁起於腳跟，貫穿於背，並由肩到肘，由肘到手，左右分開。左手採、按下落，不要離胯旁太後；右手由肘臂處掤起不可太高太直，身體不可前俯或外偏，使勢開而不散，勁促而不俯，左右勢變換之間意氣順達、動作圓活順遂。

二、左野馬分鬃

1. 身體重心漸漸移於左腿，同時，右腳尖外撇45°成右虛步，腰右轉；左手隨轉腰向左前側採，掌心向裏，指尖朝下，高與胯齊；右手同時也隨轉腰臂外旋，向右上側掤，掌心向上，指尖朝右上側，高與耳齊；眼神顧及右掌，向前平視。（圖278）

2. 身體重心漸漸全部移於右腿坐實，左腳提於右腳旁，腰右轉；右掌隨轉腰臂內旋，屈臂收於胸前，掌心向下，指尖朝左，高與胸平；左手同時也隨轉腰臂外旋，弧形抄於胸前，掌心向上，指尖朝右，高與腹齊，兩掌如抱球狀；眼神顧及兩掌，向前平視。（圖279、圖280）

3. 左腳向左前方邁出，先以腳跟著地，然後身體重心前移使全腳踏實，弓左腿、蹬右

圖278

腿成左弓步，同時，腰左轉；右手隨轉腰臂內旋，弧形向右下側採，掌心向下，指尖朝右，高與胯齊；左手同時也隨轉腰臂內旋，弧形向上掤，掌心向內，指尖朝右，高與肩平；眼神顧及左掌，向前平視。（圖281、圖282）

圖 279

圖 280

圖 281

圖 282

【要領】

與一「右野馬分鬃」要領相同。

圖 283

三、右野馬分鬃

與二「左野馬分鬃」動作相同，唯左右相反。（圖 283～圖 287）

【要領】

與一「右野馬分鬃」要領相同。

圖 284

圖 285

圖 286

圖 287

第五十式　攬雀尾

「攬雀尾」由「左掤」「右掤」「捋」「擠」「按」五勢組成。

一、左　掤

1. 身體重心漸漸移於左腿，同時，右腳尖內扣 45° 成右虛步，腰左轉；左手隨轉腰微內收，掌心向下，指尖朝前，高與腹齊；右手同時也隨轉腰臂內旋，微內收，掌心向裏，指尖朝左前方，高與肩平；眼神顧及右掌，向前平視。（圖 288）

圖 288

165

圖289

圖290

圖291

2. 身體重心漸漸全部移於右腿坐實，左腳提於右腳旁成右獨立步，同時，腰右轉45°；右手隨轉腰弧形向回平抹於胸前，掌心向下，指尖朝左，高與胸平；左手同時也隨轉腰臂外旋，弧形向上抄，掌心向上，指尖朝右，高與腹齊；眼神顧及兩掌，向前平視。（圖289、圖290）

3. 與第三式「攬雀尾」一「左掤」動作2相同。（圖291、圖292）

【要領】

與第三式「攬雀尾」一「左掤」要領相同。

二、右 掤

與第三式「攬雀尾」二「右掤」動作相同。（圖293～圖297）。

圖 292

圖 293

圖 294

圖 295

圖 296

圖 297

【要領】

與第三式「攬雀尾」二「右掤」要領相同。

三、捋

與第三式「攬雀尾」三「捋」勢動作相同。（圖
298、圖 299）

【要領】

與第三式「攬雀尾」三「捋」勢要領相同。

四、擠

與第三式「攬雀尾」四「擠」勢動作相同。（圖
300、圖 301）

【要領】

與第三式「攬雀尾」四「擠」勢要領相同。

圖 298　　　　　　　　　圖 299

圖 300　　　　　　　　　圖 301

五、按

與第三式「攬雀尾」五「按」勢動作相同。（圖
302～圖304）

圖302

圖303

圖304

【要領】

與第三式「攬雀尾」五「按」勢要領相同。

第五十一式　單　鞭

與第四式「單鞭」動作相同。（圖 305～圖 310）

【要領】

與第四式「單鞭」要領相同。

圖 305

圖 306

圖 307

圖 308

圖 309　　　　　　　　　　圖 310

第五十二式　玉女穿梭

「玉女穿梭」由「對心掌」「左穿梭」「右穿梭」「左穿梭」「右穿梭」五勢組成。

一、對心掌

1. 身體重心漸漸移於右腿，同時，左腳尖內扣 125°成左虛步，腰右轉；左掌隨轉腰臂外旋，屈臂弧形收於胸前，掌心向右，指尖朝上，高與胸齊；右手同時也隨轉腰臂外旋，由吊手變掌，掌心向左，指尖朝前，高與肩平；眼神顧及兩掌，向前平視。（圖 311）

2. 身體重心漸漸全部移於左腿坐實，右腳提起，腳尖自然下垂，同時，腰右轉；兩手手形不變，如抱球狀；眼神顧及兩掌，向前平視。（圖 312、圖 313）

3. 右腳向前邁出，先以腳跟著地，然後身體重心前移

圖 311

圖 312

圖 313

使全腳踏實，弓右腿、蹬左腿成右弓步，同時，腰右轉；
右手隨轉腰向右上側掤，掌心向內，指尖朝左，高略過於
頭；左掌同時也隨轉腰向前按，掌心向前，指尖朝上，高
與胸平；眼神顧及左掌，向前平視。（圖 314、圖 315）

圖314　　　　　　　　　　圖315

【要領】

1.凡內扣腳尖或外撇腳尖都必須移重心，由虛腳來完成，這是虛腿拳架的特點之一。本套路是虛腿拳架，切記不能以實腳內扣或外撇。

2.此勢一名「對心掌」，又名「撩陰掌」，其內涵十分豐富，但在打拳過程中很容易當過渡姿勢敷衍一帶而過，不作深究。

二、左穿梭

1.身體重心漸漸移於左腿，同時，右腳尖外撇45°，腰微右轉；左手隨轉腰臂外旋，弧形回抽，掌心向上，指尖朝右，高與腹齊；左手同時也隨轉腰臂外旋，弧形向下落，掌心向上，指尖朝左前方，高與胸平；眼神顧及兩掌，向前平視。（圖316）

2.身體重心漸漸全部移於右腿坐實，左腳提於右腳

圖 316　　　　　　　　圖 317

旁，腳尖自然下垂，同時，腰右轉；右手隨轉腰臂外旋，
墜肘下落，前臂豎起，掌心向內，指尖朝上，高與額齊；
左手同時也隨轉腰插於右肘外側，掌心向下，指尖朝右，
高與胸平；眼神顧及右掌，向前平視。（圖 317）

　　3. 左腳向左前方（西南方）邁出，先以腳跟著地，然
後重心前移使全腳踏實，弓左腿、蹬右腿成左弓步，同
時，腰左轉；左手隨轉腰臂內旋，向左上側掤，掌心向
前，指尖朝右，高略過於頭；右手隨左腿向前邁步隨向右
後側抽，然後隨左腿前弓臂內旋，弧形向前按，掌心向
前，指尖朝上，高與胸平；眼神顧及右掌，向前平視。
（圖 318、圖 319）

　　【要領】

　　1.「玉女穿梭」打的是四個方向，故稱「打四角」，
也謂「斜四角」。其有三種練法：

　　一種是拳架中的練法，順序為西南方、東南方、東北

圖318　　　　　　　　　　圖319

方、西北方的逆時針打法；

第二種練法也是在拳架中練，順序為西南方、東北方、東南方、西北方的對角打法；再就是在37式拳架中的左右調角練法。

這三種練法既可以在拳架中練習，也可以單獨練習。

2.「玉女穿梭」的內涵有掌、拳、指、肘、靠等技法。「穿梭」指的是肘，而不是指掌而言。以「左穿梭」為例：左掌為「撲面掌」，右掌為「對心掌」，這個姿勢不是「穿梭」，在太極拳的「一時短打」中稱為「叫手」。「穿梭」是在做完這兩掌後，以右手護左肘，左肘向外穿時的姿勢為「穿梭」，單勢稱「穿心肘」。「玉女穿梭」是「一時短打」中的一式。「一時短打」的主要特點是「一手出三手，手手帶暗藏」，不能將某一式打法就稱為「一時短打」。所謂「暗藏手」就是手手帶變，一變為三，其為「一時短打」。

3.「玉女穿梭」在打四個方向時身體旋轉的角度大，要注意不可出現忽高忽低、或俯或仰、或斷或停以及自縛其身的現象。在每個開與合、虛與實的轉身或上步動作中，時刻要留意腰隙間的內氣潛轉，即腰部的虛實變換，才能使身體正直，姿勢平穩，動作沉穩鬆活，連貫相隨。

4.當左掌向前上翻時要防止肩上引肘上抬，右手向前按出的手臂直中求曲，同時注意與弓步的方向一致，做到虛領頂勁、含胸拔背、鬆肩墜肘、氣沉丹田、勁貫足跟和發勁沉著，心專注一方。

三、右穿梭

1.身體重心漸漸移於右腿，左腳尖盡可能地內扣，成左虛步，同時，腰右轉；左掌隨轉腰臂外旋屈肘豎臂下落，掌心向右，指尖朝上，高與眼齊；右手同時也隨轉腰屈臂弧形向上揚，掌心向前，指尖朝上，高過於頭；眼神顧及左掌，向前平視。（圖 320、圖 320 附圖）

圖 320　　　　　　　圖 320 附圖

2. 身體重心漸漸全部移於左腿坐實，右腳提起，腳尖自然下垂，同時，腰右轉；左手隨轉腰臂內旋，弧形向上提，掌心向下，指尖朝右，高與胸齊；右手同時也隨轉腰臂外旋向下落，掌心向左，指尖朝前，高與胸平；眼神顧及兩掌，向前平視。（圖321、圖322）

3. 右腳向右前方（東南方）邁出，先以腳跟著地，然後身體重心前移使全腳踏實，弓右腿、蹬左腿成右弓步，同時，腰右轉；右手隨轉腰臂內旋，向右上側挪，掌心向前，指尖朝左，高略過於頭；左手隨右腿向前邁步向左後側抽，然後隨右腿前弓臂內旋，弧形向前按，掌心向前，指尖朝上，高與胸平；眼神顧及左掌，向前平視。（圖323、圖324）

【要領】

與二「左穿梭」要領相同。

圖321

圖322

圖 323　　　　　　　　　圖 324

四、左穿梭

　　1. 身體重心漸漸移於左腿，右腳尖內扣 45°成右虛步，同時，腰左轉；左手隨轉腰臂內旋，屈臂回抽，掌心向上，指尖朝右，高與胸齊；右掌同時也隨轉腰臂外旋，屈肘豎臂下落，掌心向左，指尖朝上，高與眼齊；眼神顧及兩掌，向前平視。（圖 325）

圖 325

　　2. 身體重心漸漸全部移於右腿坐實，左腿提起，腳尖自然下垂；同時，腰微右轉，左手隨轉腰向上掤，掌心向上，指尖朝右，高與胸齊；右掌同時也隨轉腰臂外旋，弧形向右下側抽，掌心向上，指尖朝前，高與腰齊；眼神顧

圖 326　　　　　　　　　圖 327

圖 328

及兩掌，向前平視。（圖 326、圖 327）

3. 左腳向左前方（東北方）邁出，先以腳跟著地，然後身體重心前移使全腳踏實，弓左腿、蹬右腿成左弓步，同時，腰左轉；左手隨轉腰臂內旋，向左上側掤，掌心向前，指尖朝右，高略過於頭；右手同時隨左腿向前邁步向右後側抽，然後隨左腿前弓臂內旋，弧形向前按，掌心向前，指尖朝上，高與胸平；眼神顧及右掌，向前平視。（圖 328、圖 329）

【要領】

與二「左穿梭」要領相同。

圖 329

圖 330

圖 331

圖 332

五、右穿梭

與三「右穿梭」動作相同，唯方向相反。（圖 330～
圖 334）

圖 333　　　　　　　　　圖 334

【要領】

與二「左穿梭」要領相同。

第五十三式　攬雀尾

「攬雀尾」由「左掤」「右掤」「捋」「擠」「按」五勢組成。

一、左　掤

1.身體重心漸漸移於左腿，同時，右腳尖內扣 90°成右虛步，腰左轉；左手隨轉腰臂內旋，屈肘回收，掌心向內，指尖朝右，高與腹齊；右手同時也隨轉腰弧形落下，掌心向外，指尖朝左前方，高與胸平；眼神顧及兩掌，向前平視。（圖 335）

2.身體重心漸漸全部移於右腿坐實，左腳提於右腳旁成右獨立步，同時，腰左轉；右手隨轉腰臂內旋，掌心向下，指尖朝左，高與胸平；左手同時也隨轉腰臂外旋，掌

心向上，指尖朝右，高與腹齊；眼神顧及兩掌，向前平視。（圖 336）

3. 動作與第三式「攬雀尾」一「左掤」動作 2 相同。（圖 337、圖 338）

圖 335

圖 336

圖 337

圖 338

【要領】

與第三式「攬雀尾」一「左掤」要領相同。

圖 339

二、右 掤

與第三式「攬雀尾」二「右掤」動作相同。（圖339～圖343）

【要領】

與第三式「攬雀尾」二「右掤」要領相同。

圖 340

圖 341

圖342　　　　　　　　　圖343

三、捋

與第三式「攬雀尾」三「捋」勢動作相同。（圖
344、圖345）

圖344　　　　　　　　　圖345

圖 346

圖 347

圖 348

【要領】

與第三式「攬雀尾」三「捋」勢要領相同。

四、擠

與第三式「攬雀尾」四「擠」勢動作相同。（圖346、圖347）

【要領】

與第三式「攬雀尾」四「擠」勢要領相同。

五、按

與第三式「攬雀尾」五「按」勢動作相同。（圖348～圖350）

圖 349

圖 350

【要領】

與第三式「攬雀尾」五「按」勢要領相同。

第五十四式　單　鞭

與第四式「單鞭」動作相同。（圖 351～圖 356）

圖 351

圖 352

187

圖 353

圖 354

圖 355

圖 356

【要領】

與第四式「單鞭」要領相同。

第五十五式　雲　手

「雲手」由三個「雲手」組成。

雲手㈠

與第二十八式「雲手（一）」動作相同。（圖357～圖362）

圖 357

圖 358

圖 359

圖 360

圖 361

圖 362

雲手（二）

　　與第二十八式「雲手（二）」動作相同。（圖 363～圖 366）

圖 363

圖 364

圖 365

圖 366

雲手(三)

與第二十八式「雲手（三）」動作相同。（圖 367～圖 370）

【要領】

與第二十八式「雲手」要領相同。

圖 367

圖 368

圖 369　　　　　　　　　圖 370

第五十六式　單　鞭

與第二十九式「單鞭」動作相同。（圖 371～圖 374）

【要領】

與第二十九式「單鞭」要領相同。

圖 371　　　　　　　　　圖 372

圖 373　　　　　　　　圖 374

第五十七式　　下　　勢

　　右腳尖外撇踏實，身體重心漸漸移於右腿，右腿屈膝下蹲成左仆步，同時，腰右轉；左掌隨移重心屈肘弧形回收，經胸前下落，由左腿內側向前穿，掌心向右，指尖朝前；右手不變；眼神顧及左掌，向前平視。（圖375、圖376）

圖 375　　　　　　　　圖 376

【要領】

1.當右腳尖外撇、身體重心微後移時，周身骨節均須鬆開，右胯根要微後抽，開襠，身體重心的意向後往下落，而不是向右腳上坐，即可避免出現單偏、勁死的毛病。

2.當身體重心後移下落、左掌弧形裏收下移時，頭要頂勁，腰要鬆豎，肩要鬆沉，以腰身帶回左肩，以肩帶肘移，以肘帶手，節節貫穿地帶動左掌下沉。後吊手不可因身體下蹲而高起、下落或僵直，仍隨身體轉而隨和地移動，保持兩肩平，頭正。仆步時，左胯根微沉，左膝微屈，左腳尖不可翹起。整體動作要做到神舒體靜、腹內鬆靜。

3.左臂畫弧下移時，勁點要圓轉移動。當左掌外旋坐腕時，主「採勁、拿勁」，勁點在腕及小指掌緣一側；收回時，勁點在尺骨一側，但不失掤意而丟勁；當掌前穿時，勁點在前臂掌背一側，其後移和向前運勁的主力是在腰、胯、膝三個部位，手臂部的勁意要含採解、沾連、黏隨、掤撩。

第五十八式　金雞獨立

「金雞獨立」由「左獨立」和「右獨立」兩勢組成。

一、左獨立

1.左腳尖外撇45°，身體重心漸漸移於左腿，弓左腿、蹬右腿成左弓步，同時，腰左轉；左掌隨轉腰向上穿，掌心向右，指尖朝前，高與胸平；右手同時也隨轉腰由吊手

變為掌，弧形落下，掌心向裏，指尖朝下，高與胯齊；眼神顧及左掌，向前平視。（圖377）

2. 身體重心漸漸全部移於左腿坐實，右腿提起，膝與胯平，腳尖自然下垂成左獨立步，同時，腰微右轉；左掌隨轉腰臂內旋，弧形向左下側按，掌心向下，指尖朝前，高與胯齊；右手同時也隨轉腰屈肘弧形向上穿，掌心向左，指尖朝上，高與耳平；眼神顧及右掌，向前平視。（圖378）

【要領】

1. 由「單鞭」到「下勢」，由「下勢」到「左右金雞獨立」，形若波瀾，柔韌而圓轉，「動急則急應，動緩則緩隨」，意存腰脊，氣通九曲，勁貫四梢。其外形內意，出神入化而相承相合。

2. 當「下勢」左仆步向前移動重心時，內勁必由腳升至腰隙，右胯前送，小腹前移，左膝前領，移動中使身體

圖377

圖378

與重心平行前移，避免身體前俯或立腿前移。

當身體重心將要全部移至左腿時，左胯及腰仍須稍向左旋轉，右腳尖與右胯仍須向前稍蹬送，腰同時稍上長，使腰胯領起右腿，膝領腳向前提起。此時，左腿力沉而穩固，腰身柔韌而勁長，右腿勁蓄而輕靈。

當右腳一經離地，右膝漸上頂，左腿即漸起，不可出現先左腿直立、右腿後起的現象。此時，腰要有由左向右上轉正的微動，使之內勁旋轉而順達。定勢時，左膝仍要虛屈，膝根仍要收住，此所謂「勁以屈蓄而有餘」。

3. 手的運動要與腰腿相互隨動，既手隨足動，又足隨手運。當左腿前弓、右腿蹬起時，左掌領膝，勁點在掌根，右掌須隨右腿蹬而漸落，就像蹺蹺板一樣。

當右膝前提、左腿漸起時，先以右手領右腿，繼而以右肘領右膝，肘與膝合，勁點在掌心、膝和腳尖，左掌同時下沉下按。此時，內勁通流兩臂，右掌勁力要通過左腰眼，貫於左腳跟，使勁力形成上下對襯、穩固充實而又鬆活有餘的氣勢。

二、右獨立

1. 左腿漸漸屈膝下蹲，右腳下落於左腳跟旁，先以腳尖著地，然後身體重心右移使全腳踏實，同時，腰微右轉；右掌隨右腳下落臂內旋，弧形向右下側採，掌心向下，指尖朝前，高與胯齊；左掌隨轉腰臂外旋，向前往上抄，掌心向右下側，指尖朝前上側，高與小腹齊；眼神顧及左掌，向前平視。（圖 379）

2. 身體重心漸漸全部移於右腿坐實，左腿提起，膝與

圖 379　　　　　　　　圖 380

胯平，腳尖自然下垂成右獨立步，同時，腰微左轉；左手隨轉腰屈肘弧形向上穿，掌心向右，指尖朝上，高與耳平；眼神顧及左掌，向前平視。（圖380）

【要領】

1. 右腳下落時，左膝同時漸屈，腰微有左旋下沉之意。隨著身體重心右移，腰隨之右轉。左膝提、右腿漸起時，腰隨之有由右向左上轉正的微動。左右勢的要求和含義一樣。

2. 右腿下落時，以膝領肘，手隨足運，繼而按掌下沉。左右勢的要求和含義一樣。

第五十九式　左右倒攆猴

「左右倒攆猴」由「右倒攆猴」「左倒攆猴」「右倒攆猴」三勢組成。

一、右倒攆猴

1.右腿漸漸屈膝下蹲，左腳落於右腳旁，腳尖自然下垂，同時，腰右轉；右掌隨轉腰臂外旋，由右後側弧形向上抄，掌心向上，指尖朝右，高與肩平；左掌同時也隨轉腰臂外旋，弧形向左上側伸，掌心向上，指尖朝前，高與肩平；眼神顧及右掌，向前平視。（圖381）

2.與第十七式「左右倒攆猴」一「右倒攆猴」動作3相同。（圖382、圖383）

圖381

圖382

圖383

【要領】

與第十七式「左右倒攆猴」一「右倒攆猴」要領相同。

二、左倒攆猴

與第十七式「左右倒攆猴」一「右倒攆猴」動作相同，唯左右相反。（圖384～圖386）

【要領】

與第十七式「左右倒攆猴」一「右倒攆猴」要領相同。

圖384

圖385

圖386

三、右倒攆猴

與第十七式「左右倒攆猴」一「右倒攆猴」動作相同。（圖387～圖389）

【要領】

與第十七式「左右倒攆猴」一「右倒攆猴」要領相同。

圖387

圖388

圖389

第六十式　斜飛勢

與第十八式「斜飛勢」動作相同。（圖 390～圖 392）

【要領】

與第十八式「斜飛勢」要領相同。

圖 390

圖 391

圖.392

圖 393　　　　　　　　圖 394

第六十一式　提手上勢

「提手上勢」由「右手揮琵琶」和「提手」兩勢組成。

一、右手揮琵琶

與第十九式「提手上勢」一「右手揮琵琶」動作相同。（圖 393、圖 394）

【要領】

與第八式「手揮琵琶」要領相同，唯左右相反。

二、提　手

與第五式「提手上勢」二「提手」動作相同。（圖 395～圖 397）。

【要領】

與第五式「提手上勢」二「提手」要領相同。

圖 395

圖 396

圖 397

圖 398

第六十二式　白鶴亮翅

與第六式「白鶴亮翅」動作相同。（圖 398）

【要領】

與第六式「白鶴亮翅」要領相同。

第六十三式　左摟膝拗步

與第七式「左摟膝拗步」動作相同。（圖399～圖403）

圖399

圖400

圖401

圖402

【要領】

與第七式「左摟膝拗步」要領相同。

第六十四式　海底針

與第二十二式「海底針」動作相同。（圖404～圖406）

圖403

圖404

圖405

圖406

【要領】

與第二十二式「海底針」要領相同。

第六十五式　扇通背

與第二十三式「扇通背」動作相同。（圖 407～圖 409）

【要領】

與第二十三式「扇通背」要領相同。

第六十六式　轉身白蛇吐信

1. 動作與第二十四式「轉身撇身捶」動作 1 相同。（圖 410）

2. 動作與第二十四式「轉身撇身捶」動作 2 相同。（圖 411、圖 412）

圖 407

圖 408

圖 409

圖 410

圖 411

圖 412

3.身體重心不變，腰微右轉，右腳向前邁出，先以腳
跟著地，腳尖微翹，成右虛步；右拳隨轉腰臂外旋，由拳
變掌向前撇出，掌心向上，指尖朝前，高與胸平；左掌同
時也隨轉腰向下按，掌心向下，指尖朝前，高與胸齊；眼

圖413　　　　　　　　　　圖414

神顧及右掌，向前平視。（圖413）

4.動作與第二十四式「轉身撇身捶」動作4相同，唯本勢右手為掌，掌心向上，指尖朝前。（圖414）

【要領】

與第二十四式「轉身撇身捶」要領相同。

第六十七式　進步搬攔捶

「進步搬攔捶」由「搬」「攔」「捶」三勢組成。

一、搬

與第二十五式「進步搬攔捶」一「搬」動作相同。（圖415～圖418）

圖 415

圖 416

圖 417

圖 418

二、攔

與第二十五式「進步搬攔捶」二「攔」動作相同。
（圖 419、圖 420）

圖 419　　　　　　　圖 420

圖 421

三、捶

與第二十五式「進步搬攔捶」三「捶」動作相同。（圖421）

【要領】

與第十二式「進步搬攔捶」要領相同，只是承上式的銜接動作不同。前面承上式是「左摟膝拗步」，此式承接「轉身白蛇吐信」。

第六十八式　上步攬雀尾

「上步攬雀尾」由「右掤」「捋」「擠」「按」四勢組成。

圖 422　　　　　　　　　圖 423

1.與第二十六式「上步攬雀尾」動作 1 相同。（圖
422）

2.與第二十六式「上步攬雀尾」動作 2 相同。（圖
423）

一、右　掤

1.與第二十六式「上步攬
雀尾」一「右掤」動作 1 相
同。（圖 424）

2.與第三勢「攬雀尾」二
「右掤」動作 3 相同。（圖
425、圖 426）

【要領】

與第三勢「攬雀尾」二
「右掤」要領相同。

圖 424

圖 425

圖 426

圖 427

圖 428

二、捋

與第三勢「攬雀尾」三「捋」勢動作相同。（圖
427、圖 428）

【要領】

與第三式「攬雀尾」三「捋」勢要領相同。

圖 429

圖 430

三、擠

與第三式「攬雀尾」四「擠」勢動作相同。（圖429、圖430）

【要領】

與第三式「攬雀尾」四「擠」勢要領相同。

四、按

與第三式「攬雀尾」五「按」勢動作相同。（圖431～圖433）

【要領】

第三式「攬雀尾」五「按」勢要領相同。

圖 431

圖 432

圖 433

第六十九式　單　鞭

與第四式「單鞭」動作相同。（圖434～圖439）

圖 434

圖 435

圖 436

圖 437

圖 438

圖 439

【要領】

與第四式「單鞭」要領相同。

第七十式　雲　手

「雲手」由三個「雲手」組成。

雲手(一)

　　與第二十八式「雲手（一）」動作相同。（圖440～圖445）

圖 440

圖 441

圖 442

圖 443

圖444

圖445

雲手（二）

　　與第二十八式「雲手（二）」動作相同。（圖446～圖449）

圖446

圖447

圖 448

圖 449

雲手(三)

與第二十八式「雲手（三）」動作相同。（圖 450～圖 453）

圖 450

圖 451

圖 452　　　　　　　　　圖 453

【要領】

與第二十八式「雲手」要領相同。

第七十一式　單　鞭

與第二十九式「單鞭」動作相同。（圖 454～圖 457）

圖 454　　　　　　　　　圖 455

圖 456

圖 457

【要領】

與第二十九式「單鞭」要領相同。

第七十二式　高探馬帶穿掌

「高探馬帶穿掌」由「高探馬」與「左穿掌」兩勢組成。

一、高探馬

與第三十式「高探馬」動作相同。（圖 458～圖 460）

【要領】

與第三十式「高探馬」要領相同。

圖 458

圖459　　　　　　　　　　圖460

二、左穿掌

　　身體重心漸漸移於右腿坐實，左腿提起向前邁出，先以腳跟著地，然後身體重心前移使全腳踏實，弓左腿、蹬右腿成左弓步，腰微右轉；左手隨左腿向前邁步向前、向上穿，掌心向上，指尖朝前，高與喉齊；右掌同時也隨左腿向前邁步臂外旋，抄於左臂下，順左臂向回平抹，掌心向上，指尖朝左，高與胸平；眼神顧及左掌，向前平視。（圖461、圖462）

　　【要領】

　　1. 左腳收回時身體不要後仰。邁步弓步時身體不可前俯。同時，要保持手與腳的動作同收同出，協調一致。

　　2. 右臂向回平抹時勁點在掌緣，隨著滾翻外旋而移至尺骨一側。注意右臂回收時要沉肩墜肘，肘腋間仍要有圓活之意，不要自縛其身。左掌前穿時勁點在掌背指尖，注

圖461　　　　　　　　　　圖462

意左肩不可前探，手臂不可伸直，要留有伸屈的餘地。

第七十三式　十字腿

1.身體重心漸漸移於右腿，同時，左腳尖內扣，左腿蹬、右腿弓成右側弓步，腰右轉；左掌隨轉腰屈臂弧形向右抹，掌心向裏，指尖朝右上方，高與耳齊；右掌同時也隨轉腰護左肘向右轉，掌形不變；眼神顧及左掌，向前平視。（圖463）

2.身體重心漸漸移於左腿坐實，右腿提起，腳尖自然下垂，腰右轉；左掌隨左肘向左下側抽，兩腕相交合抱於胸前；左掌心向裏，指尖朝右上側，右掌心向裏，指尖朝左上側，兩掌高與胸平；眼神顧及兩掌，向前平視。（圖464、圖465）

3.與第三十七式「右蹬腳」動作3相同，唯方向相反。（圖466）

圖 463

圖 464

圖 465

圖 466

【要領】

1. 當身體重心移於右腿時，左腳尖同時內扣。腰右轉時，兩肩要同時右移鬆沉，氣落腰胯，右肘有往右鬆活之意，左掌有向右劈合之意。

2. 其他要領均與第三十七式「右蹬腳」相同。

第七十四式　進步指襠捶

1. 左腿漸漸下蹲，右腳下落，腳尖自然下垂，同時，腰右轉；右掌隨轉腰臂內旋，由掌變拳，屈臂弧形下落於腹前，拳心向下，拳眼朝內，高與腹齊；左掌同時也隨轉腰臂內旋，屈臂弧形收於胸前，掌心向下，指尖朝右，高與胸齊；眼神顧及右拳，向前平視。（圖467）

2. 右腳向前邁出，腳尖外撇45°，先以腳跟著地，然後身體重心前移使全腳踏實，弓右腿、蹬左腿成右弓步，同時，腰右轉；右拳隨轉腰臂外旋，弧形向右後側抽，拳心向上，拳眼朝外，高與腰齊；左掌同時也隨轉腰向前攔，掌心向右，指尖朝上，高與肩平；眼神顧及左掌，向前平視。（圖468、圖469）

3. 身體重心漸漸全部移於右腿坐實，腰左轉，左腳提起向前邁出，先以腳跟著地，然後身體重心前移使全腳踏

圖467　　　　　　　　　圖468

圖 469

圖 470

圖 471

實，弓左腿、蹬右腿成左弓步；左掌隨轉腰臂內旋，由左膝前弧形向左下側摟，掌心向下，指尖朝前，高與左胯齊；右拳同時也隨轉腰臂外旋，弧形經右腰際向前擊出，拳心向左，拳眼朝上，高與腹平；眼神顧及左掌摟過左膝，隨即顧及右拳往前擊出，向前平視。（圖 470、圖 471）

【要領】

1.由「十字腿」下落時，左腿需漸漸下蹲，手腳同收，做到協調、均勻、柔和。當右腳邁出弓步時，左腿隨即領起，不可做成右弓步定勢後，再移動左腿，應使動作連續而圓活。

2.其他要領與第三十四式「進步栽捶」相同。

第七十五式　上步攬雀尾

「上步攬雀尾」由「右掤」「捋」「擠」「按」四勢組成。

1.與第二十六式「上步攬雀尾」動作1相同。（圖472）

2.與第二十六式「上步攬雀尾」動作2相同。（圖473）

圖 472

圖 473

一、右 掤

與第二十六式「上步攬雀尾」一「右掤」動作相同。
（圖474～圖476）

【要領】

與第三式「攬雀尾」
二「右掤」要領相同。

圖474

圖475

圖476

圖 477

圖 478

二、捋

與第三式「攬雀尾」三「捋」勢動作相同。（圖477、圖478）

【要領】

與第三式「攬雀尾」三「捋」勢要領相同。

三、擠

與第三式「攬雀尾」四「擠」勢動作相同。（圖479、圖480）

【要領】

與第三式「攬雀尾」四「擠」勢要領相同。

圖 479

圖 480

圖 481

圖 482

圖 483

四、按

與第三式「攬雀尾」五「按」勢動作相同。（圖
481～圖 483）

【要領】

與第三式「攬雀尾」五「按」勢要領相同。

第七十六式　單　鞭

與第四式「單鞭」動作相同。（圖484～圖489）

圖 484

圖 485

圖 486

圖 487

圖 488　　　　　　　　　圖 489

【要領】

與第四式「單鞭」要領相同。

第七十七式　下　勢

與第五十七式「下勢」動作相同。（圖 490、圖 491）

圖 490　　　　　　　　　圖 491

【要領】

與第五十七式「下勢」要領相同。

第七十八式　上步七星

1.與第五十八式「金雞獨立」一「左獨立」動作 1 相同。（圖 492）

2.身體重心漸漸全部移於左腿坐實，右腳提起向前跟半步，以腳尖著地，同時，腰微左轉；兩手同時隨轉腰由掌變拳向前，兩腕交叉掤於胸前，左手在上，右手在下，右拳心朝左裏側，左拳心朝右裏側，兩拳心向上，兩拳高與肩平；眼神顧及兩拳，向前平視。（圖 493、圖 494）

【要領】

1.與第五十八式「金雞獨立」一「左獨立」要領 1 相同。

2.拳論云：「上步七星架手勢。」其意以防禦為主，變著中含有既可進擊、又可閃化的作用。「七星」指人體的頭、肩、肘、手、胯、膝、足七個部位。在作用上可頂、打、撞、擊、靠等，是練好拳架和進敵、禦敵必求之部位。

它的基本要領要做到：手腳相顧，分清虛實，勁掤而不僵，體鬆而不軟。比如，上右腳時，手腳齊出、齊動、齊到；成虛步時，右腳不能分擔

圖 492

圖 493　　　　　　　　圖 494

身體重量；定勢時，身體由左腳支撐；兩拳掤出時，勁點要通過肩背，注於腰間，貫於腳跟，使掤擊之拳勢短、意遠、勁長。

第七十九式　退步跨虎

「退步跨虎」由「跨虎勢」與「白鶴亮翅」兩勢組成。

一、跨虎勢

身體重心漸漸全部移於左腿坐實，右腳提起向右後側退一步，先以腳尖著地，然後身體重心漸漸移向右腿使全腳踏實，弓右腿、蹬左腿成右側弓步，同時，腰右轉；兩手同時隨轉腰臂內旋，由拳變掌，弧形向下左右兩側分開，兩掌心向後，指尖朝下，高與膝平；眼神顧及兩掌向左右兩側分開，向前平視。（圖495、圖496）

圖 495　　　　　　　　　　圖 496

【要領】

1. 左右腳的虛實轉換及腰胯的旋轉要順遂自然，寓意於內，外示安逸。身體不可忽高忽低，或俯或仰，或左右偏擺，始終要虛靈頂勁、含胸拔背、氣沉丹田。

2. 兩臂在沉落旋轉開展之中，要以中指領勁，通於兩臂，蓄於腰臍，貫於足跟。當兩臂內旋鬆沉時，兩前臂與掌腕間隨感隨化，內含掤勁，引入其內。隨即以大開大展之勢，閃開正中，而開展中又寓合勁，使勁力不丟不頂而沾連黏隨。注意在兩臂沉落時肩鬆肘撤，不可夾肋。

二、白鶴亮翅

與第六式「白鶴亮翅」動作相同。（圖 497）

【要領】

1. 在「跨虎勢」向「白鶴亮翅」過渡時，一定要將「跨虎勢」做到位後再轉「白鶴亮翅」，但兩勢中間也不

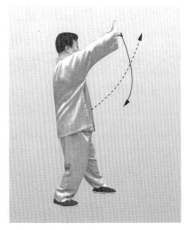

圖 497　　　　　　　　圖 498

能間斷。

2.「白鶴亮翅」的要領與第六式「白鶴亮翅」要領相同。

第八十式　轉身擺蓮

「轉身擺蓮」由「前掃趟腿」與「擺蓮腳」兩勢組成。

一、前掃趟腿

1.身體重心不變，右腿微下蹲，腰微右轉；左掌隨轉腰弧形向上抄，掌心向前下側，指尖朝右上側，高與額平；右掌同時也隨轉腰弧形向下落，掌心向下，指尖朝左前側，高與腹齊；眼神顧及兩掌，向前平視。（圖 498）

2.身體重心漸漸全部移於右腳掌，以右腳掌為軸向右後側轉 360°，同時，左腳掌踩地，隨即提起，向身體右後側擺掃至西北方落下，先以腳尖著地，然後身體重心左移

使全腳踏實，弓左腿、蹬右腿成左側弓步；左掌隨轉體弧形向下落，掌心向上，指尖朝右，高與胸平；右掌同時也隨轉體弧形向右前側伸，掌心向下，指尖朝右前側，高與肩平；眼神顧及兩掌，向前平視。（圖499～圖501）

圖 499

圖 500

圖 501

【要領】

1.「轉身擺蓮」是由「前掃趟腿」與「擺蓮腳」兩勢組成的。「轉身」就是「前掃趟腿」。在轉身時，左腳不要離地面太遠，離地面遠了就失去了它的技擊意義；要含有勾、掛、掃等含義。在做「轉身擺蓮」時，既要使「前掃趟腿」與「擺蓮腳」兩勢有明顯的區分，不能一帶而過，又要注意兩勢中間也不能出現斷續的現象。

2. 身體向右後側轉時，身體重心要移於右腳掌，以右腳掌為軸旋轉，同時借助左腳踩地之力和左腿向右後側擺動之勢，使身體轉得圓活。在轉體時，身體不可搖晃，要立身中正，但腰部不可因此而僵硬，仍要放鬆。

3. 左腳落地時，要漸漸下蹲，有身體重心由右向左移動的過程，然後隨著腰部自左向右轉和右腳自左向上弧形上擺而漸漸立起，但也不可挺直。

二、擺蓮腳

身體重心漸漸全部移於左腿坐實，同時，腰自左向右轉；兩掌隨轉腰將高度調整至與肩平，掌形不變；右腳隨轉腰弧形由左向右上側擺擊兩掌，隨即落下，膝與胯平，腳尖自然下垂；眼神顧及右腳擺擊兩掌，向前平視。（圖502、圖503）

【要領】

右腳擺蓮是橫勁，要用轉腰來帶動右腿外擺。因此右腿最好不要超出肩部，同時也不要挺直，要微屈，這樣才能充分運用腰部的力量，達到橫勁的要求，並且發到右腳背的勁力也更大。

圖 502

圖 503

第八十一式　彎弓射虎

1. 左腿漸漸下蹲，腰左轉，右腳隨轉腰向右前方落下，先以腳跟著地成右虛步；左掌隨轉腰向左側擺，掌心向下，指尖朝前，高與腹齊；右掌同時也隨轉腰臂外旋向右擺，掌心向上，指尖向左前方，高與腹齊；眼神顧及左掌，向前平視。（圖 504）

2. 身體重心漸漸移於右腿，弓右腿、蹬左腿成右側弓步，同時，腰右轉；左掌隨轉腰弧形向右側捋，掌心向下，指尖朝右前方，高與腹齊；右掌同時也隨轉腰向右側捯，掌心向上，指尖朝前，高與腰齊；眼神顧及兩掌，向前平視。（圖 505）

3. 身體重心繼續漸漸向右腿移，腰左轉；左手隨轉腰臂外旋，由掌變拳，弧形向上、往前擊出，拳心向右，拳眼向上，高與胸平；右手同時也隨轉腰臂內旋，由掌變

圖 504

圖 505

圖 506

拳，弧形向上、往前打出，拳心向下，拳眼朝內，高與耳齊；眼神顧及左拳，向前平視。（圖506）

【要領】

1.「彎弓射虎」接前勢時要求動作連貫，不可有斷續

停頓，但也不能前勢還沒有做到位就直接變為「彎弓射虎」。

2.當兩掌向左側平移時，注意氣落胯鬆，頸領背弛。向右圓轉時，襠勁下沉。兩臂在腰的帶動下也要向前、往右移轉，不可形成先落腳轉腰，再移動雙臂，這樣就不能使動作和勁力協調一致。當兩拳向左前方擊出時，要求拳到腿到，一到俱到，不可出現腿先弓到了，腰還在扭，手還未動。定勢時，要防止肘仰、肩聳、身俯。

3.「轉身擺蓮」與「彎弓射虎」式要注意拳打四方。

第八十二式　進步搬攔捶

「進步搬攔捶」由「搬」「攔」「捶」三勢組成。

一、搬

1.身體重心漸漸移於左腿，弓左腿、蹬右腿成右虛步，腰左轉；左手隨轉腰臂外旋，弧形下落，拳心向上，拳眼向左，高與胸平；右拳同時也隨轉腰臂外旋，弧形向前擊出，拳心向下，拳眼向左，高與肩平；眼神顧及右拳，向前平視。（圖507）

2.身體重心漸漸全部移於左腿坐實，右腳提於左腳旁，腳尖自然下垂，同時，腰微左轉；左手隨轉腰臂內旋，由拳變掌，弧形向上抄，掌心向內，指尖向上，高與耳齊；右拳同時也隨轉腰屈臂回收，橫挪於胸前，拳心向下，拳眼向內，高與腹齊；眼神顧及右拳，向前平視。（圖508）

圖 507　　　　　　　　圖 508

3. 與第十二式「進步搬攔捶」一「搬」動作 4 相同。
（圖 509）

圖 509

圖 510　　　　　　　　　　圖 511

二、攔

與第十二式「進步搬攔捶」二「攔」動作相同。（圖
510、圖 511）

三、捶

與第十二式「進步搬攔捶」三「捶」動作相同。（圖
512）

【要領】

與第十二式「進步搬攔捶」要領相同。

第八十三式　如封似閉

與第十三式「如封似閉」動作相同。（圖 513～圖
515）

圖 512

圖 513

圖 514

圖 515

【要領】

與第十三式「如封似閉」要領相同。

第八十四式　十字手

與第十四式「十字手」動作相同。（圖516～圖518）

【要領】

與第十四式「十字手」要領相同。

第八十五式　收勢

1.兩腿漸漸立起；同時，兩臂內旋向前伸，並向左右分開，兩掌心向下，指尖朝前，高與肩平，兩掌距離與肩同寬；眼神顧及兩掌，向前平視。（圖519）

2.兩掌隨沉肩墜肘保持掌心向下，徐徐按於兩胯旁，掌心向下，指尖朝前，隨即鬆腕臂外旋使掌心貼於兩胯，指尖自然朝下；眼向前平視。（圖520、圖521）

【要領】

1.與第二式「起勢」要領相同。

圖516

圖517

2.「收勢」一名「還原勢」，亦稱「合太極」。由動變靜，徐徐收斂心意氣息，眼神也要自然收斂。

圖 518

圖 519

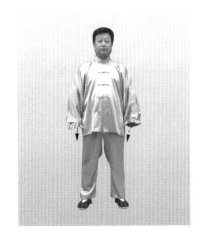

圖 520

圖 521

第四章
楊式太極拳定型拳架中虛腿拳架
和實腿拳架動作之異同

　　長期以來，有很多楊式太極拳愛好者被「攬雀尾」的「左掤」是面向正南還是面向西南，是實腿轉體還是虛腿轉體等問題所困擾。

　　其實，只要弄清楊澄甫先生在定型拳架中共有多少個套路，這些套路各有什麼特點，這些問題就迎刃而解了。所以說，摒除狹隘的門戶之見，全面地瞭解楊式太極拳的常識，對弄清這些問題是大有益處的。

　　楊式太極拳老架是由十五個套路組成的，具有由淺入深、循序漸進、由易到難逐步提升功夫的特點。由於中架姿勢舒展大方，動作緩慢柔和，具有較高的修身養性、陶冶情操之功效，被世人所青睞。

　　楊澄甫先生以授拳為業，為適應人們的需求，與時俱進，將楊式太極拳原有十五個套路中運動幅度較大的套路刪除，簡化為五個套路。

　　楊澄甫先生在《太極拳之練習談》中指出：學習「太極拳之程式，先練拳架（屬於徒手），如太極拳、太極長拳；其次單手推挽，原地推手，活步推手，大捋，散手……」其中太極拳為三個套路（一個實腿拳架、一個虛腿拳架、一個 37 式拳架），加上太極長拳、太極散手共五個套路，門內人也就將其稱為「老五路」（因散手套路分上

247

手和下手，既可以單練，也可以對練，所以也有人將其稱為兩個套路，這樣就形成為六路拳了，故門內人也有稱其為「老六路」的）。

楊式太極拳中的虛腿拳架和實腿拳架，是由楊式太極拳老架的中架演化而來。楊式太極拳老架的原中架有四個套路，即兩個陽手拳架和兩個陰手拳架。因陽手拳架較為舒展大方，易於被人們所接受，故他將兩個陽手拳架進行簡化定型。這兩個拳架的手法大同小異，其腿法主要分為一個陽腿拳架、一個陰腿拳架。後被人們習慣稱之為一個實腿拳架，一個虛腿拳架。

這兩個拳架因為區別較小，一般在教授學生時，先讓學生練熟其中一個拳架，然後再練另外一個拳架，這樣就避免了兩個拳架的相互混淆。如果以健身為目的，學好一個拳架就可以了；如果想繼承傳統的太極拳文化，最好這兩個拳架都要知道。不然就會出現會練實腿拳架的先生說虛腿拳架不對，會練虛腿拳架的先生說實腿拳架不對。要知道，太極是由陰陽組合而成，單有陰沒有陽不是太極，同樣光有陽而沒有陰也不成太極。

楊澄甫的學生中，虛腿拳架的代表人物有楊振銘、鄭曼青等人；實腿拳架的代表人物有陳微明、崔毅士、董英傑、趙斌、傅鍾文等人。

為了使太極拳愛好者能夠較全面地瞭解楊式太極拳，筆者就將跟楊澄甫先生的高足傅宗元先生所學到的實腿拳架和虛腿拳架的異同之處簡述如下。

為了以下的動作能容易說明和理解，假設預備勢是面向正南站立。

第一式　預備勢

實腿拳架與虛腿拳架動作、要領相同。

第二式　起　勢

實腿拳架與虛腿拳架動作、要領相同。

第三式　攬雀尾

攬雀尾由「左掤」「右掤」「捋」「擠」「按」五動組成。

一、左　掤

攬雀尾的「左掤」是面向正南還是面向西南（西），一時間爭議很大。其實大可不必。因為實腿拳架的「左掤」是面向西南，而虛腿拳架的「左掤」是面向正南。它們手法、步法的區別具體如下。

1.手　法

實腿拳架的手法是：由「起勢」轉「攬雀尾」的「左掤」，左手由胸前向左側抄起，隨身體右轉臂外旋弧形向左側掤；同時，右手掤於胸前，隨身體右轉弧形向右下側採。

其用法是當對方用左手向我胸部擊來，我身體重心隨即移於右腿，同時腰向右轉帶動右腳跟向右磨轉，右腳尖向外撇45°，使對方的左拳落空。接著，我左手抄執對方的左肘腕中間，隨身體右轉弧形向左側掤（可參閱楊澄甫

於 1934 年出版的《太極拳體用全書》）；右手同時從胸前由裏向外拿住對方的左腕部，弧形向右下側採。

在這裏需要進一步說明的是，為什麼實腿拳架「左掤」不面向正南方，而面向西南方呢？答案是如果面向正前掤對方的左臂，對方勢必要用「右打虎勢」使右拳擊打我的左太陽穴。如果我左手掤，右手向右下側採，同時我身體右轉，就會使對方身體失去平衡，從而破解對方右手的反擊能力，故實腿拳架「左掤」面向西南方。

虛腿拳架的手法是：由「起勢」轉「攬雀尾」的「左掤」，左手隨身體右轉弧形抄於胸前，隨即隨身體左轉而面向正南掤出；同時，右手隨身體右轉掤於胸前，隨即隨身體左轉而弧形向右下側採。

其用法是當對方用右手向我胸部擊來，我身體重心隨即移於左腿，同時腰右轉，右腳隨轉腰腳尖外撇 45°，使對方右拳落空。然後，我左手由胸前執對方的左肘腕中間，隨身體左轉向正南掤；右手同時從胸前由上向下拿住對方的左腕部，弧形向下採。

同樣在這裏也需要進一步說明的是，為什麼虛腿拳架「左掤」不面向西南方，而面向正南方呢？

答案是：如果不向正前掤對方的右臂，腰向右轉，對方勢必會借機屈臂用「穿心肘」擊打我的胸部。如果我左手掤，右手向右下側採，同時我身體左轉，就會使對方身體失去平衡；而且，我的身體保持在對方對面的右側，就會使對方失去了用左手的反擊能力，故虛腿拳架「左掤」面向正南方。

2.步法

實腿拳架的步法是：由「起勢」轉「攬雀尾」的「左
掤」，重心移於右腿，以右腳跟為軸，由腰向右轉帶動右
腳跟向右磨轉，右腳尖向外撇 90°踏實，成「左掤」的後
腳；然後，提左腳向前邁出，先以腳跟著地，隨著身體重
心前移左腳尖內扣 45°踏實，弓左腿、蹬右腿成左側弓步。

虛腿拳架的步法是：由「起勢」轉「攬雀尾」的「左
掤」，身體重心移於左腿，同時腰右轉，右腳隨轉腰腳尖
外撇 45°，然後身體重心再移於右腿，使右腳踏實，成
「左掤」的後腳；左腳隨即提起向前邁出，先以腳跟著
地，隨著身體重心前移使全腳踏實，弓左腿、蹬右腿成左
弓步。

二、右 掤

實腿拳架與虛腿拳架的上肢動作相同，腿部動作有所
區別。實腿拳架腿部動作的做法是：由「左掤」轉「右
掤」，首先身體重心不變；然後，右腿提起向前（西）邁
出，先以腳跟著地，隨著身體重心前移使全腳踏實，弓右
腿、蹬左腿成右弓步。

虛腿拳架腿部動作的做法是：由「左掤」轉「右
掤」，首先身體重心移於右腿，同時腰右轉，左腳隨轉腰
腳尖內扣 45°；然後，身體重心再移於左腿使左腳踏實，
弓左腿、蹬右腿成左側弓步；右腿隨即提起向前（西）邁
出，先以腳跟著地，隨著身體重心前移使全腳踏實，弓右
腿、蹬左腿成右弓步。

三、捋

四、擠

五、按

實腿拳架與虛腿拳架的動作、要領均相同。

在這裏需要再說明的就是關於楊式太極拳實腿拳架與虛腿拳架外撇腳尖和內扣腳尖的要領、含義。

首先來談一下外撇腳尖和內扣腳尖的要領。

關於腳尖的外撇和內扣可以用一句話來概括，那就是為了保持周身一家，完整一氣。具體的做法是：實腿拳架不管腳尖外撇還是內扣，都要由腰來帶動實腿轉動（倒攆猴例外）；虛腿拳架也不管是腳尖外撇還是內扣，都要先將身體重心移於另一條腿，同時由腰來帶動虛腿轉動。

然後再談一下外撇腳尖和內扣腳尖的含義。

儘管楊式太極拳根據社會的需求進行了簡化定型，但手法、身法、步法仍保持原有的嚴格規矩。腳尖的外撇和內扣是其步法的規矩之一。

楊式太極拳從預備勢開始到收勢結束，其步法都要求兩腳分開，距離與肩同寬。在行拳過程中，不管是進步還是退步，兩腳都不能踏在一條直線上，仍要保持兩腳與肩同寬的距離（同時要注意兩腳的距離也不能太寬）。不但兩腳要保持一定的距離，而且要求後腳尖與前腳尖保持成45°。過去用八卦來表示。

比如，左腳為前腳，腳尖對震門；右腳為後腳，腳尖

必須對異門。現在可以用角度來表示，也可以用方位來表示。比如，左腳為前腳，腳尖對東方；右腳為後腳，腳尖必須對東南方。

腳尖不管是外撇還是內扣，都是為了調整前後腳尖的角度。舉兩個實例來說明以上問題。

先以兩個拳架相同的動作為例說明前後腳的變化情況。「右倒攆猴」轉「左倒攆猴」：「右倒攆猴」左腳為前腳，腳尖朝正東方；右腳為後腳，腳尖朝東南方。由「右倒攆猴」轉「左倒攆猴」，提左腳向後撤一步，先以腳尖著地，因左腳由前腳變為後腳，所以腳尖落地時要朝東北方，隨著身體重心後移使左腳踏實；同時，右腳由後腳變為前腳，所以，右腳尖隨身體重心後移由東南方內扣45°朝正東方。

再以「左摟膝拗步」轉「右摟膝拗步」為例說明實腿與虛腿的區別。「左摟膝拗步」左腳為前腳，腳尖朝正東方；右腳為後腳，腳尖朝東南方。由「左摟膝拗步」轉「右摟膝拗步」：實腿拳架身體重心不變，以左腳跟為軸，由腰向左轉帶動左腳跟向左磨轉，左腳尖向外撇45°朝東北方踏實，變為「右摟膝拗步」的後腳；然後，提右腳向前邁出，先以腳跟著地，隨著身體重心前移使全腳踏實，腳尖朝正東方，成為前腳。

虛腿拳架是先將身體重心移於右腿，同時腰左轉，左腳隨轉腰腳尖外撇45°朝東北方，然後身體重心再移於左腿使全腳踏實，變為「右摟膝拗步」的後腳；隨即提右腳向前邁出，先以腳跟著地，隨著身體重心前移使全腳踏實，腳尖朝正東方，成為前腳。由此不難看出，實腿拳架

與虛腿拳架的定勢動作相同，只是在動作與動作過渡的過程中，調整腳尖角度的方法不同而已。實腿拳架在調整腳尖角度時身體重心不變，直接用實腿調整腳尖的角度；而虛腿拳架在調整腳尖角度時，先將身體重心移於另一條腿上，用虛腿調整腳尖的角度。也就是說，用實腿調整腳尖角度的拳架為實腿拳架，用虛腿調整腳尖角度的拳架為虛腿拳架。這就是虛腿拳架與實腿拳架區別的根本所在。

第四式　單　鞭

實腿拳架與虛腿拳架的上肢動作相同，腿部動作有所區別。實腿拳架腿部動作的做法是：由「攬雀尾」的「按」轉「單鞭」，首先身體重心不變，以右腳跟為軸，由腰左轉帶動右腳跟向左磨轉，右腳尖內扣 135°踏實，變為「單鞭」的後腳；然後，提左腳向正東方邁出，先以腳跟著地，隨著身體重心前移使全腳踏實，弓左腿、蹬右腿成左弓步。

虛腿拳架腿部動作的做法是：由「攬雀尾」的「按」轉「單鞭」，首先身體重心移於左腿，同時腰左轉，右腳隨移身體重心腳尖內扣 135°，然後身體重心再移於右腿使右腳踏實，變為「單鞭」的後腳；隨即提左腳向正東方邁出，先以腳跟著地，隨著身體重心前移使全腳踏實，弓左腿、蹬右腿成左弓步。

第五式　提手上勢

實腿拳架與虛腿拳架的上肢動作相同，腿部動作有所區別。實腿拳架腿部動作的做法是：由「單鞭」轉「提手

上勢」，首先身體重心不變，以左腳跟為軸，由腰右轉帶動左腳跟向右磨轉，左腳尖內扣 45°踏實，變為「提手上勢」的後腳；然後，右腳提起，落於左腳尖前一步，以腳跟著地，腳尖自然微翹，成右虛步。

虛腿拳架腿部動作的做法是：由「單鞭」轉「提手上勢」，首先身體重心移於右腿，同時腰右轉，左腳隨移身體重心腳尖內扣 45°；然後身體重心再移於左腿使左腳踏實，變為「提手上勢」的後腳；隨即右腳提起，落於左腳尖前一步，以腳跟著地，腳尖自然微翹，成右虛步。

第六式　白鶴亮翅

實腿拳架與虛腿拳架的動作、要領相同。

第七式　左摟膝拗步

實腿拳架與虛腿拳架的動作、要領相同。

第八式　手揮琵琶

實腿拳架與虛腿拳架的動作、要領相同。

第九式　左右摟膝拗步

左右摟膝拗步由兩個「左摟膝拗步」和一個「右摟膝拗步」三勢組成。

一、左摟膝拗步

實腿拳架與虛腿拳架的動作、要領相同。

二、右摟膝拗步

實腿拳架與虛腿拳架的上肢動作相同，腿部動作有所區別。實腿拳架腿部動作的做法是：由「左摟膝拗步」轉「右摟膝拗步」，首先身體重心不變，以左腳跟為軸，由腰左轉帶動左腳跟向左磨轉，左腳尖向外撇 45°踏實，變為「右摟膝拗步」的後腳；然後，右腳提起向前邁出，先以腳跟著地，隨著身體重心前移使全腳踏實，弓右腿、蹬左腿成右弓步。

虛腿拳架腿部動作的做法是：由「左摟膝拗步」轉「右摟膝拗步」，首先身體重心移於右腿，同時腰左轉，左腳隨轉腰腳尖外撇 45°；然後身體重心再移於左腿使左腳踏實，變為「右摟膝拗步」的後腳；隨即右腳提起向前邁出，先以腳跟著地，隨著身體重心前移使全腳踏實，弓右腿、蹬左腿成右弓步。

三、左摟膝拗步

實腿拳架與虛腿拳架的動作、要領相同。

第十式　手揮琵琶

實腿拳架與虛腿拳架的動作、要領相同。

第十一式　左摟膝拗步

實腿拳架與虛腿拳架的動作、要領相同。

第十二式　進步搬攔捶

進步搬攔捶由「搬」「攔」「捶」三勢組成。

實腿拳架與虛腿拳架的上肢動作相同，腿部動作有所區別。實腿拳架腿部動作的做法是：由「左摟膝拗步」轉「進步搬攔捶」，首先身體重心不變，以左腳跟為軸，由腰左轉帶動左腳跟向左磨轉，左腳尖向外撇 45°踏實，變為「進步搬攔捶」「搬」的後腳；然後，右腳提起向前邁出，以腳跟著地，腳尖微翹，成右虛步。

虛腿拳架腿部動作的做法是：由「左摟膝拗步」轉「進步搬攔捶」，首先身體重心移於右腿，同時腰左轉，左腳隨轉腰腳尖外撇 45°；然後，身體重心再移於左腿使左腳踏實，變為「進步搬攔捶」「搬」的後腳；隨即右腳提起向前邁出，以腳跟著地，腳尖微翹，成右虛步。

「攔」「捶」實腿拳架與虛腿拳架的動作、要領相同。

第十三式　如封似閉

實腿拳架與虛腿拳架的動作、要領相同。

第十四式　十字手

實腿拳架與虛腿拳架的上肢動作相同，腿部動作有所區別。實腿拳架腿部動作的做法是：由「進步搬攔捶」轉「十字手」，首先身體重心不變，以左腳跟為軸，由腰向右轉帶動左腳跟向右磨轉，左腳尖內扣 90°踏實；然後，提右腳回收半步落下，與左腳平行，兩腳尖均朝前，距離與肩同寬，成小馬步。

虛腿拳架腿部動作的做法是：由「進步搬攔捶」轉「十字手」，首先身體重心移於右腿，同時腰右轉，左腳隨轉腰腳尖內扣 90°；然後，身體重心再移於左腿使左腳踏實；隨即提右腳回收半步落下，與左腳平行，兩腳尖均朝前，距離與肩同寬，成小馬步。

第十五式　抱虎歸山

抱虎歸山由「轉身右摟膝拗步」和「攬雀尾」兩勢組成。

一、轉身右摟膝拗步

實腿拳架與虛腿拳架的上肢動作相同，腿部動作有所區別。實腿拳架腿部動作的做法是：由「十字手」轉「抱虎歸山」，首先身體重心移於左腿，以左腳跟為軸，由腰向右轉帶動左腳跟向右磨轉，左腳尖內扣 90°踏實，成「轉身右摟膝拗步」的後腳；然後，提右腿向右後側邁出，先以腳跟著地，隨著身體重心前移使全腳踏實，弓右腿、蹬左腿成右弓步。

虛腿拳架腿部動作的做法是：由「十字手」轉「抱虎歸山」，首先身體重心移於右腿，同時腰右轉，左腳隨轉腰腳尖內扣 90°；然後，身體重心再移於左腿使左腳踏實；隨即提起右腳向右後側邁出，先以腳跟著地，隨著身體重心前移使全腳踏實，弓右腿、蹬左腿成右弓步。

二、攬雀尾

實腿拳架與虛腿拳架的動作、要領相同。

第十六式　肘底看捶

實腿拳架與虛腿拳架的上肢動作相同，腿部動作有所區別。

實腿拳架腿部動作的做法是：由「抱虎歸山」的「攬雀尾」「按」轉「肘底看捶」，首先身體重心不變，以右腳跟為軸，由腰向左轉帶動右腳跟向左磨轉做「左攔」，右腳尖內扣135°踏實；然後，腰右轉做「右攔」。

虛腿拳架腿部動作的做法是：由「抱虎歸山」的「攬雀尾」「按」轉「肘底看捶」，首先身體重心移於左腿，同時腰左轉做「左攔」，右腳隨轉腰腳尖內扣135°；然後，身體重心再移於右腿，同時腰右轉做「右攔」。其餘動作實腿拳架與虛腿拳架相同。

第十七式　左右倒攆猴

實腿拳架與虛腿拳架的動作、要領相同。

第十八式　斜飛勢

實腿拳架與虛腿拳架的動作、要領相同。

第十九式　提手上勢

實腿拳架與虛腿拳架的動作、要領相同。

第二十式　白鶴亮翅

實腿拳架與虛腿拳架的動作、要領相同。

第二十一式　左摟膝拗步

實腿拳架與虛腿拳架的動作、要領相同。

第二十二式　海底針

實腿拳架與虛腿拳架的動作、要領相同。

第二十三式　扇通背

實腿拳架與虛腿拳架的動作、要領相同。

第二十四式　轉身撇身捶

實腿拳架與虛腿拳架的上肢動作相同，其腿部動作有所區別。

實腿拳架腿部動作的做法是：由「扇通背」轉「轉身撇身捶」，首先身體重心不變，以左腳跟為軸，由腰向右轉帶動左腳跟向右磨轉，左腳尖內扣 135°踏實，成「轉身撇身捶」的後腳。

虛腿拳架腿部動作的做法是：由「扇通背」轉「轉身撇身捶」，首先身體重心移於右腿，同時腰右轉，左腳隨移身體重心腳尖內扣 135°，隨即身體重心再移於左腿，使左腳踏實，成「轉身撇身捶」的後腳。以上動作為「轉身撇身捶」的「轉身勢」，其餘動作實腿拳架與虛腿拳架相同。

第二十五式　進步搬攔捶

實腿拳架與虛腿拳架的動作、要領相同。

第二十六式　上步攬雀尾

「上步攬雀尾」由「右掤」「捋」「擠」「按」四勢組成。

實腿拳架與虛腿拳架的上肢動作相同，腿部動作有所區別。

實腿拳架腿部動作的做法是：由「進步搬攔捶」轉「上步攬雀尾」，首先身體重心不變，以左腳跟為軸，由腰向左轉帶動左腳跟向左磨轉，左腳尖向外撇 45°踏實，成「上步攬雀尾」「右掤」的後腳；然後，提起右腿向前邁出，先以腳跟著地，隨著身體重心前移使全腳踏實，弓右腿、蹬左腿成右弓步。

虛腿拳架腿部動作的做法是：由「進步搬攔捶」轉「上步攬雀尾」，首先身體重心移於右腿，同時腰左轉，左腳隨轉腰腳尖外撇 45°，隨即身體重心再移於左腿使左腳踏實，成「上步攬雀尾」「右掤」的後腳；然後，提起右腿向前邁出，先以腳跟著地，隨著身體重心前移使全腳踏實，弓右腿、蹬左腿成右弓步。其餘「捋」「擠」「按」動作實腿拳架與虛腿拳架相同。

第二十七式　單　鞭

實腿拳架與虛腿拳架的區別與第四式「單鞭」相同。

第二十八式　雲　手

實腿拳架與虛腿拳架的上肢動作相同，腿部動作有所區別。

實腿拳架腿部動作的做法是：由「單鞭」轉「雲手」，首先身體重心不變，以左腳跟為軸，由腰向右轉帶動左腳跟向左磨轉，左腳尖內扣 90° 踏實；然後，提起右腳回收落下，與左腳平行，兩腳尖均朝前，距離與肩同寬，成小馬步。

虛腿拳架腿部動作的做法是：由「單鞭」轉「雲手」，首先身體重心移於右腿，同時腰向右轉，左腳隨轉腰腳尖內扣 90°，隨即身體重心再移於左腿使左腳踏實；然後，提起右腳回收落下，與左腳平行，兩腳尖均朝前，距離與肩同寬，成小馬步。

第二十九式　單　鞭

實腿拳架與虛腿拳架的動作、要領相同。

第三十式　高探馬

實腿拳架與虛腿拳架的上肢動作相同，腿部動作有所區別。

實腿拳架腿部動作的做法是：由「單鞭」轉「高探馬」，首先身體重心移於右腿坐實，左腳隨移身體重心提起向回撤半步，以腳尖著地，成左虛步。

虛腿拳架腿部動作的做法是：由「單鞭」轉「高探馬」，首先身體重心全部移於左腿坐實，右腳隨移身體重心提起向前跟半步，先以腳尖著地，然後身體重心後移使全腳踏實，仍保持腳尖外撇 45°，為「高探馬」的後腳，左腳提起向前邁半步，以腳尖著地，成左虛步。

第三十一式　左右分腳

左右分腳由「左分腳」與「右分腳」兩勢組成。

一、右分腳

實腿拳架與虛腿拳架的上肢動作相同，腿部動作有所區別。

實腿拳架腿部動作的做法是：由「高探馬」轉「右分腳」，左腳提起向左前方邁出，先以腳跟著地，隨著身體重心前移使全腳踏實，弓左腿、蹬右腿成左弓步。身體重心不變，腰向右轉，隨即復向左轉，同時右腿隨腰左轉提起向右前方踢出，成「右分腳」。

虛腿拳架腿部動作的做法是：由「高探馬」轉「右分腳」，左腳提起向左前方邁出，先以腳跟著地，隨著身體重心前移使全腳踏實，弓左腿、蹬右腿成左弓步。然後，身體重心移於右腿，同時腰右轉，隨即復向左轉，身體重心隨腰左轉移於左腿，右腿同時也隨腰左轉提起向右前方踢出，成「右分腳」。

二、左分腳

實腿拳架與虛腿拳架的上肢動作相同，腿部動作有所區別。

實腿拳架腿部動作的做法是：由「右分腳」轉「左分腳」，右腳向右前方落下，先以腳跟著地，隨著身體重心前移使全腳踏實，弓右腿、蹬左腿成右弓步。身體重心不變，腰向左轉，隨即復向右轉，同時左腿隨腰右轉提起向

左前方踢出，成「左分腳」。

虛腿拳架腿部動作的做法是：由「右分腳」轉「左分腳」，右腳向右前方落下，先以腳跟著地，隨著身體重心前移使全腳踏實，弓右腿、蹬左腿成右弓步。然後，身體重心移於左腿，同時腰左轉，隨即復向右轉，身體重心隨腰右轉移於右腿，左腿同時也隨腰右轉提起向左前方踢出，成「左分腳」。

第三十二式　轉身蹬腳

實腿拳架與虛腿拳架的動作、要領相同。

第三十三式　左右摟膝拗步

左右摟膝拗步由「左摟膝拗步」與「右摟膝拗步」兩勢組成。

一、左摟膝拗步

實腿拳架與虛腿拳架的動作、要領相同。

二、右摟膝拗步

實腿拳架與虛腿拳架的區別和第九式「左右摟膝拗步」（二）「右摟膝拗步」相同。

第三十四式　進步栽捶

實腿拳架與虛腿拳架的上肢動作相同，腿部動作有所區別。

實腿拳架腿部動作的做法是：由「左右摟膝拗步」轉

「進步栽捶」，首先身體重心不變，以右腳跟為軸，由腰向右轉帶動右腳跟向右磨轉，右腳尖外撇 45°踏實，成「進步栽捶」的後腳；然後，提左腳向前邁出，先以腳跟著地，隨著身體重心前移使全腳踏實，弓左腿、蹬右腿成左弓步。

虛腿拳架腿部動作的做法是：由「左右摟膝拗步」轉「進步栽捶」，首先身體重心移於左腿，同時腰右轉，右腳隨轉腰腳尖外撇 45°；然後，身體重心再移於右腿使右腳踏實，成「進步栽捶」的後腳，左腳隨即提起向前邁出，先以腳跟著地，隨著身體重心前移使全腳踏實，弓左腿、蹬右腿成左弓步。

第三十五式　轉身撇身捶

實腿拳架與虛腿拳架的上肢動作相同，腿部動作的區別與第二十四式「轉身撇身捶」相同。

第三十六式　進步搬攔捶

實腿拳架與虛腿拳架的動作、要領相同。

第三十七式　右蹬腳

實腿拳架與虛腿拳架的上肢動作相同，腿部動作有所區別。

實腿拳架腿部動作的做法是：由「進步搬攔捶」轉「右蹬腳」，首先身體重心不變，以左腳跟為軸向左轉，由腰向左轉帶動左腳跟向左磨轉，左腳尖向外撇 45°踏實，隨即提右腿向右前方蹬出，成「右蹬腳」。

虛腿拳架腿部動作的做法是：由「進步搬攔捶」轉「右蹬腳」，首先身體重心移於右腿，同時腰左轉，左腳隨轉腰腳尖外撇 45°；然後，身體重心再移於左腿使左腳踏實，隨即提右腿向右前方蹬出，成「右蹬腳」。

第三十八式　左打虎勢

實腿拳架與虛腿拳架的動作、要領相同。

第三十九式　右打虎勢

實腿拳架與虛腿拳架的上肢動作相同，腿部動作有所區別。

實腿拳架腿部動作的做法是：由「左打虎勢」轉「右打虎勢」，首先身體重心不變，以左腳跟為軸，由腰向右轉帶動左腳跟向右磨轉，左腳尖內扣 45°踏實，成「右打虎勢」的後腳；然後，右腳提起，腳尖外撇 45°落於原地，先以腳跟著地，隨著身體重心前移使全腳踏實，弓右腿、蹬左腿成右側弓步。

虛腿拳架腿部動作的做法是：由「左打虎勢」轉「右打虎勢」，首先身體重心移於右腿，同時腰右轉，左腳隨轉腰腳尖內扣 45°；然後，身體重心再移於左腿，使左腳踏實，成「右打虎勢」的後腳；右腳隨即提起，腳尖外撇 45°落於原地，先以腳跟著地，隨著身體重心前移使全腳踏實，弓右腿、蹬左腿成右側弓步。

第四十式　回身右蹬腳

實腿拳架與虛腿拳架的動作、要領相同。

第四十一式　雙峰貫耳

實腿拳架與虛腿拳架的動作、要領相同。

第四十二式　左蹬腳

實腿拳架與虛腿拳架的上肢動作相同，腿部動作有所區別。

實腿拳架腿部動作的做法是：由「雙峰貫耳」轉「左蹬腳」，首先身體重心不變，以右腳跟為軸，由腰向右轉帶動右腳跟向右磨轉，右腳尖向外撇 45°踏實；然後，左腳提起，向左側蹬出，成「左蹬腳」。

虛腿拳架腿部動作的做法是：由「雙峰貫耳」轉「左蹬腳」，首先身體重心移於左腿，同時腰右轉，右腳隨轉腰腳尖外撇 45°；然後身體重心再移於右腿，使右腳踏實；隨即左腳提起，向左側蹬出，成「左蹬腳」。

第四十三式　轉身右蹬腳

實腿拳架與虛腿拳架的動作、要領相同。

第四十四式　進步搬攔捶

實腿拳架與虛腿拳架的動作、要領相同。

第四十五式　如封似閉

實腿拳架與虛腿拳架的動作、要領相同。

第四十六式　十字手

實腿拳架與虛腿拳架的區別和第十四式「十字手」相同。

第四十七式　抱虎歸山

實腿拳架與虛腿拳架的區別和第十五式「抱虎歸山」相同。

第四十八式　斜單鞭

實腿拳架與虛腿拳架的區別和第四式「單鞭」相同，唯方向不同。

第四十九式　野馬分鬃

「野馬分鬃」由「左野馬分鬃」與「右野馬分鬃」組成，一般在套路中可打三個或五個，也可根據套路的需要而定，但應須注意的是，只可打奇數而不能打偶數。

一、右野馬分鬃

實腿拳架與虛腿拳架的上肢動作相同，腿部動作有所區別。

實腿拳架腿部動作的做法是：由「斜單鞭」轉「右野馬分鬃」，首先身體重心不變，以左腳跟為軸，由腰向右轉帶動左腳跟向右磨轉，左腳尖內扣 90°踏實，成「右野馬分鬃」的後腳；然後，右腳提起向前邁出，先以腳跟著地，隨著身體重心前移使全腳踏實，弓右腿、蹬左腿成右弓步。

虛腿拳架腿部動作的做法是：由「斜單鞭」轉「右野馬分鬃」，首先身體重心移於右腿，同時腰右轉，左腳隨轉腰腳尖內扣 90°；然後，身體重心再移於左腿，使左腳踏實，成「右野馬分鬃」的後腳；隨即右腳提起向前邁出，先以腳跟著地，隨著身體重心前移使全腳踏實，弓右腿、蹬左腿成右弓步。

二、左野馬分鬃

實腿拳架與虛腿拳架的上肢動作相同，腿部動作有所區別。

實腿拳架腿部動作的做法是：由「右野馬分鬃」轉「左野馬分鬃」，首先身體重心不變，以右腳跟為軸，由腰向右轉帶動右腳跟向右磨轉，右腳尖外撇 45°踏實，成「左野馬分鬃」的後腳；然後，左腳提起向前邁出，先以腳跟著地，隨著身體重心前移使全腳踏實，弓左腿、蹬右腿成左弓步。

虛腿拳架腿部動作的做法是：由「右野馬分鬃」轉「左野馬分鬃」，首先身體重心移於左腿，同時腰右轉，右腳隨轉腰腳尖外撇 45°；然後，身體重心再移於右腿使右腳踏實，成「左野馬分鬃」的後腳；隨即左腳提起向前邁出，先以腳跟著地，隨著身體重心前移使全腳踏實，弓左腿、蹬右腿成左弓步。

三、右野馬分鬃

實腿拳架與虛腿拳架的上肢動作相同，腿部動作的區別與「左野馬分鬃」二相同，唯左右相反。

第五十式　攬雀尾

攬雀尾由「左掤」「右掤」「捋」「擠」「按」五動組成。

一、左　掤

實腿拳架與虛腿拳架的上肢動作相同，腿部動作有所區別。

實腿拳架腿部動作的做法是：由「右野馬分鬃」轉「攬雀尾」的「左掤」，首先身體重心不變，左腳提起向左前方邁出，先以腳跟著地，隨著身體重心前移腳尖內扣45°使全腳踏實，弓左腿、蹬右腿成左側弓步。

虛腿拳架腿部動作的做法是：首先身體重心移於左腿，同時腰左轉，右腳隨轉腰腳尖內扣45°；然後，身體重心再移於右腿使右腳踏實，成「攬雀尾」「左掤」的後腳；隨即左腳提起向前邁出，先以腳跟著地，隨著身體重心前移使全腳踏實，弓左腿、蹬右腿成左弓步。

二、右　掤

三、捋

四、擠

五、按

實腿拳架與虛腿拳架的區別和第三式「攬雀尾」相同。

第五十一式　單　鞭

實腿拳架與虛腿拳架的區別和第四式「單鞭」相同。

第五十二式　玉女穿梭

玉女穿梭由一個「對心掌」兩個「左玉女穿梭」和兩個「右玉女穿梭」五勢組成。

一、對心掌

實腿拳架與虛腿拳架的上肢動作相同，腿部動作有所區別。

實腿拳架腿部動作的做法是：由「單鞭」轉「對心掌」，首先身體重心不變，以左腳跟為軸，由腰向右轉帶動左腳跟向右磨轉，左腳尖內扣 135°踏實，成「對心掌」的後腳；然後，右腳提起向右前方邁出，先以腳跟著地，隨著身體重心前移使全腳踏實，弓右腿、蹬左腿成右弓步。

虛腿拳架腿部動作的做法是：由「單鞭」轉「對心掌」，首先身體重心移於右腿，同時腰右轉，左腳隨轉腰腳尖內扣 135°；然後，身體重心再移於左腿使左腳踏實，成「對心掌」的後腳；隨即右腳提起向右前方邁出，先以腳跟著地，隨著身體重心前移使全腳踏實，弓右腿、蹬左腿成右弓步。

二、左穿梭

實腿拳架與虛腿拳架的上肢動作相同，腿部動作有所區別。

實腿拳架腿部動作的做法是：由「對心掌」轉「左穿梭」，首先身體重心不變，以右腳跟為軸，由腰向右轉帶動右腳跟向右磨轉，右腳尖外撇45°踏實，成「左穿梭」的後腳；然後，左腳提起向西南方邁出，先以腳跟著地，隨著身體重心前移使全腳踏實，弓左腿、蹬右腿成左弓步。

虛腿拳架腿部動作的做法是：由「對心掌」轉「左穿梭」，首先身體重心移於左腿，同時腰向右轉，右腳隨轉腰腳尖外撇45°；然後，身體重心再移於右腿，使右腳踏實，成「左穿梭」的後腳；隨即左腳提起向西南方邁出，先以腳跟著地，隨著身體重心前移使全腳踏實，弓左腿、蹬右腿成左弓步。

三、右穿梭

實腿拳架與虛腿拳架的上肢動作相同，腿部動作有所區別。

實腿拳架腿部動作的做法是：由「左穿梭」轉「右穿梭」，首先身體重心不變，由腰向右轉帶動左腳尖內扣225°踏實，成「右穿梭」的後腳；然後，右腳提起向東南方邁出，先以腳跟著地，隨著身體重心前移使全腳踏實，弓右腿、蹬左腿成右弓步。

虛腿拳架腿部動作的做法是：首先身體重心移於右腿，由腰向右轉帶動左腳尖內扣225°；然後，身體重心再移於左腿使左腳踏實，成「右穿梭」的後腳；隨即右腿提起向東南方邁出，先以腳跟著地，隨著身體重心前移使全腳踏實，弓右腿、蹬左腿成右弓步。

四、左穿梭

實腿拳架與虛腿拳架的上肢動作相同，腿部動作有所區別。

實腿拳架腿部動作的做法是：由「右穿梭」轉「左穿梭」，首先身體重心不變，以右腳跟為軸，由腰向左轉帶動右腳跟向左磨轉，右腳尖內扣 45°踏實，成「左穿梭」的後腳；然後，左腳提起向東北方邁出，先以腳跟著地，隨著身體重心前移使全腳踏實，弓左腿、蹬右腿成左弓步。

虛腿拳架腿部動作的做法是：由「右穿梭」轉「左穿梭」，首先身體重心移於左腿，同時腰向左轉，右腳隨轉腰腳尖內扣 45°；然後，身體重心再移於右腿，使右腳踏實，成「左穿梭」的後腳；隨即左腳提起向東北方邁出，先以腳跟著地，隨著身體重心前移使全腳踏實，弓左腿、蹬右腿成左弓步。

五、右穿梭

實腿拳架與虛腿拳架區別和三「右穿梭」相同，唯方向不同。

第五十三式　攬雀尾

攬雀尾由「左掤」「右掤」「捋」「擠」「按」五動組成。

273

一、左　掤

實腿拳架與虛腿拳架的上肢動作相同，腿部動作有所區別。

實腿拳架腿部動作的做法是：由「右穿梭」轉「攬雀尾」「左掤」，首先身體重心不變，以右腳跟為軸，由腰左轉帶動右腳跟向左磨轉，右腳尖內扣 45°踏實，成「攬雀尾」「左掤」的後腳；左腳提起向左前方邁出，先以腳跟著地，隨著身體重心前移腳尖內扣 45°使全腳踏實，弓左腿、蹬右腿成左側弓步。

虛腿拳架腿部動作的做法是：首先身體重心移於左腿，同時腰左轉，右腳隨轉腰腳尖內扣 90°，然後，身體重心再移於右腿使右腳踏實，成「攬雀尾」「左掤」的後腳；隨即左腳提起向前邁出，先以腳跟著地，隨著身體重心前移使全腳踏實，弓左腿、蹬右腿成左弓步。

二、右　掤

三、捋

四、擠

五、按

實腿拳架與虛腿拳架的區別和第三式「攬雀尾」相同。

第五十四式　單　鞭

實腿拳架與虛腿拳架的區別和第四式「單鞭」相同。

第五十五式　雲　手

實腿拳架與虛腿拳架的區別和第二十八式「雲手」相同。

第五十六式　單　鞭

實腿拳架與虛腿拳架的動作、要領相同。

第五十七式　下　勢

實腿拳架與虛腿拳架的動作、要領相同。

第五十八式　金雞獨立

實腿拳架與虛腿拳架的動作、要領相同。

第五十九式　左右倒攆猴

實腿拳架與虛腿拳架的動作、要領相同。

第六十式　斜飛勢

實腿拳架與虛腿拳架的動作、要領相同。

第六十一式　提手上勢

實腿拳架與虛腿拳架的動作、要領相同。

第六十二式　白鶴亮翅

實腿拳架與虛腿拳架的動作、要領相同。

第六十三式　左摟膝拗步

實腿拳架與虛腿拳架的動作、要領相同。

第六十四式　海底針

實腿拳架與虛腿拳架的動作、要領相同。

第六十五式　扇通背

實腿拳架與虛腿拳架的動作、要領相同。

第六十六式　轉身白蛇吐信

實腿拳架與虛腿拳架的區別和第二十四式「轉身撇身捶」相同。兩式的不同之處是：「轉身撇身捶」轉身撇出的是右拳，而白蛇吐信轉身撇出的是右掌。

第六十七式　進步搬攔捶

實腿拳架與虛腿拳架的動作、要領相同。

第六十八式　上步攬雀尾

實腿拳架與虛腿拳架的區別和第二十六式「上步攬雀尾」相同。

第六十九式　單　鞭

實腿拳架與虛腿拳架的區別和第二十七勢「單鞭」相同。

第七十式　雲　手

實腿拳架與虛腿拳架的區別和第二十八式「雲手」相同。

第七十一式　單　鞭

實腿拳架與虛腿拳架的動作、要領相同。

第七十二式　高探馬帶穿掌

高探馬帶穿掌由「高探馬」與「穿掌」兩勢組成。

一、高探馬

實腿拳架與虛腿拳架的區別和第三十式「高探馬」相同。

二、穿　掌

實腿拳架與虛腿拳架的動作、要領相同。

第七十三式　十字腿

實腿拳架與虛腿拳架的上肢動作相同，腿部動作有所區別。

實腿拳架腿部動作的做法是：由「高探馬帶穿掌」轉

「十字腿」，首先身體重心不變，以左腳跟為軸，由腰向右轉帶動左腳跟向右磨轉，左腳尖內扣 90°踏實；然後，右腳提起向正西方蹬出，成「十字腿」。

虛腿拳架腿部動作的做法是：由「高探馬帶穿掌」轉「十字腿」，首先身體重心移於右腿，同時腰右轉，左腳隨轉腰腳尖內扣 90°；然後，身體重心再移於左腿，使左腳踏實；隨即右腳提起向正西方蹬出，成「十字腿」。

第七十四式　進步指襠捶

實腿拳架與虛腿拳架的動作、要領相同。

第七十五式　上步攬雀尾

實腿拳架與虛腿拳架的區別和第二十六式「上步攬雀尾」相同。

第七十六式　單　鞭

實腿拳架與虛腿拳架的區別和第四式「單鞭」相同。

第七十七式　下　勢

實腿拳架與虛腿拳架的動作、要領相同。

第七十八式　上步七星

實腿拳架與虛腿拳架的動作、要領相同。

第七十九式　退步跨虎

實腿拳架與虛腿拳架的動作、要領相同。

第八十式　轉身擺蓮

實腿拳架與虛腿拳架的動作、要領相同。

第八十一式　彎弓射虎

實腿拳架與虛腿拳架的動作、要領相同。

第八十二式　進步搬攔捶

實腿拳架與虛腿拳架的動作、要領相同。

第八十三式　如封似閉

實腿拳架與虛腿拳架的動作、要領相同。

第八十四式　十字手

實腿拳架與虛腿拳架的區別和第十四式「十字手」相同。

第八十五式　收　勢

實腿拳架與虛腿拳架的動作、要領相同。

綜上所述，不管是實腿拳架還是虛腿拳架，其定型拳架都為八十五式。其中，四十七式完全相同，六十式為重複動作。上肢動作只有攬雀尾的左掤一個動作稍有區別之外，其他動作完全相同。腿部動作也只是動作與動作之間的過渡有虛實之分，其定型動作完全相同。

在這裡值得說明的是：實腿拳架「攬雀尾」「左掤」

面向西南，虛腿拳架「攬雀尾」「左掤」面向正南方；是
實腿轉體，還是虛腿轉體，皆為正確，不宜相互指責。

第五章
楊式太極拳推手

太極拳推手的手法分為單推手、雙推手。步法有定步、活步；活步中又分為合步、套步、順步、纏步、顛步。楊式太極拳推手現在一般流行單推手、定步推手（分合步推手和順步推手兩種）、活步推手（分合步推手和套步推手兩種）、大将（分實步大将和虛步大将兩種）。

楊澄甫先生在《太極拳之練習談》中指出，楊式太極拳推手有四種形式，即「單手推挽、原地推手、活步推手、大将」。推手是太極拳練習達到散手使用過程中不可缺少的一個重要環節。

我在《楊式太極拳用法解要》一書中將單推手、定步推手、活步推手、大将發表，社會上反映很好，所以本書還按這個順序寫。不過《楊式太極拳用法解要》一書是實腿拳架，本書是虛腿拳架，實腿拳架和虛腿拳架的單推手、定步推手、活步推手是一樣的，唯有大将不同，所以本書的單推手、定步推手、活步推手和《楊式太極拳用法解要》一書相同，大将為虛腿拳架的大将。

第一節　單推手

穿深色衣服的為甲，穿淺色衣服的為乙。

「單推手」也稱「單手推挽」，在楊式太極拳老架中稱為「大架推手」。「單推手」在楊式太極拳老架中還分為「定步單推手」和「活步單推手」兩種，目前在楊式太極拳定型拳架中只練「定步單推手」一種，其動作如下。

1.甲乙相對站立，身體各部力求自然、舒適。兩人距離以雙方兩臂向前平舉時腕部相接觸為宜。（圖1）

2.兩人右腳各向前邁出一步，相互以右手腕背部相搭，各含掤勁，雙方左手自然下垂。（圖2）

3.甲右手內旋，使掌心向前沾住乙右腕部向乙胸前部按去，弓右腿、蹬左腿成右弓步。乙以掤手接住甲方按勁，順甲的按勢向後坐住左腿，成右虛步。（圖3）

4.乙右手內旋，使掌心朝前向下，以掌沾住甲的腕部，同時腰向右轉掤化甲的按勁；同時，乙的左手由左側弧形向上抄於胸前，掌心向下，指尖朝右前方，高與胸平。甲腰左轉臂外旋，擠化乙的挒勁。（圖4）

圖1

圖2

圖3

圖4

5. 乙腰左轉內旋，使掌心向前沾住甲右腕部向甲胸前部按去，弓右腿、蹬左腿成右弓步。甲以掤手接住乙方按勁，順甲的按勢向後坐住左腿，成右虛步。（圖5）

圖 5

6. 甲右手內旋，使掌心朝前、向下，以掌沾住乙的腕部，同時腰向右轉掤化乙的按勁；同時，甲的左手由左側弧形向上抄於胸前，掌心向下，指尖朝右前方，高與胸平。乙腰左轉臂外旋，擠化甲的捋勁。（圖6）

圖 6

【要領】

以上為甲按擠，乙掤捋；乙按擠，甲掤捋。如甲掤或擠時，乙必按，乙按甲必捋，甲捋乙必擠。此即為「老三招」，合「五行」相生相剋之理。推手時必須刻刻留意，即所謂《打手歌》所云「掤捋擠按須認真」是也。以上步法為合步。

第二節　定步推手

定步推手又稱四正推手，是兩人彼此用掤捋擠按四種手法，步法分合步與順步兩種，在原地進行的推手，其動作如下。

1.甲乙相對站立，身體各部力求自然、舒適。兩人距離以雙方兩臂向前平舉時腕部相接觸為宜。（圖7）

圖7

圖8　　　　　　　　　　　　　　　　圖9

2. 兩人右腳各向前邁出一步，相互以右手腕背部相搭，各含掤勁；相互以左手按住對方的右肘，成為右手腕相交的定步雙推手。（圖8）

3. 甲兩臂內旋，左掌沾住乙的右肘，右掌沾住乙的右腕，兩掌一起向乙的胸前按；同時，右腿弓、左腿蹬成右弓步。乙以右臂掤住甲方的按勢，身體重心後移坐於左腿，成右虛步；同時，腰順勢開始右轉。（圖9）

4. 乙承按勢兩臂內旋，右掌沾住甲方的右腕，左掌沾住甲方的右肘，隨腰右轉向右後側将。甲以右臂掤住乙方的将勢，左手鬆開乙的右肘移於自己右前臂內側，同時腰順勢左轉。（圖10）

5. 甲承将勢右臂內旋，左掌附於右臂內側向乙胸部擠出，同時右腿前弓；乙順甲方的擠勢腰開始左轉。（圖11）

6. 乙順甲方的擠勢腰部繼續左轉，使身體與對方面對

圖 10

圖 11

面；左掌沾住甲的右肘，右掌沾住甲的右腕，兩掌一起向
甲的胸前按；同時右腿弓、左腿蹬成右弓步。甲以右臂掤
住乙方的按勢，身體重心後移坐於左腿，成右虛步；同
時，腰順勢開始右轉。（圖 12）

圖12

　　然後，甲承按勢腰右轉，以右掌沾住乙的左肘，左掌沾住乙的左腕捋；乙再以右手附於自己左前臂內側擠；甲即轉為按；乙又復以右臂掤接，如此循環互推。

【要領】

　　以上甲為陽手，乙為陰手。在練習時注意陰陽手要及時地調整，不要一直朝一個方向推，使陰手、陽手練得既熟練又活潑，在應用時方可得心應手。以上步法為合步。

第三節　活步推手

　　活步推手，是兩人彼此用掤捋擠按四種手法，配合著前進後退的步法進行的一種循環的推手練習。步法分合步與套步兩種。因活步推手與定步推手的手法一樣，在此手法就不再贅述，其腿部的動作如下。

1. 甲乙相對站立，身體各部力求自然、舒適。兩人距離以雙方兩臂向前平舉時腕部相接觸為宜。（圖13）

2. 兩人右腳各向前邁出一步，相互以右手腕背部相搭，各含掤勁；相互以左手按住對方的右肘，成為右手腕相交的定步雙推手。（圖14）

圖13

圖14

3.設甲退乙進。甲左腳稍向前提起，隨即落於原地；同時，乙右腳稍向後提起，也隨即落於原地。（圖15、圖16）

4.甲身體重心全部移於左腿，右腿提起向右後側退一

圖15

圖16

步，先以腳尖著地，隨著身體重心後移使全腳踏實，成左虛步；同時，乙身體重心全部移於右腿，左腿提起向前邁出，先以腳跟著地，隨著身體重心前移使全腳踏實，弓左腿、蹬右腿成左弓步。（圖17～圖19）

圖17

圖18

圖 19

5.甲身體重心全部移於右腿，左腿提起向左後側退一步，先以腳尖著地，隨著身體重心後移使全腳踏實，成右虛步；同時，乙身體重心全部移於左腿，右腿提起向前邁出，先以腳跟著地，隨著身體重心前移使全腳踏實，弓右腿、蹬左腿成右弓步。（圖 20～圖 22）

圖 20

圖 21

圖 22

　　然後，轉為甲進乙退。當甲退了三步即向回提起左
腳，隨即落於原處轉為進步。乙進了三步也提起右腳，隨
即落於原處轉為退步。接著甲進乙退各兩步，然後再轉為
甲退乙進，如此一進一退地循環練習。

【要領】

活步推手，無論是合步還是套步，上肢仍然要用掤捋擠按四種手法，但在開始動步時，退者必然為掤，進者為按。然後，退者隨退轉為捋，當捋至盡處時，也恰退了三步；進者也隨進轉為擠；擠足時也恰是進步進足時。然後，退者轉為進步，上肢也由捋由轉為按；進者轉為退步時，上肢也由擠轉為掤，如此配合步法進行練習。以上步法為合步。

套步步法的說明：

甲乙兩人對面而立，距離一步。假設甲退乙進。乙左腳向前邁出，插於甲右腳內側，同時甲左腳後退一步；接著，乙向前邁右腳落於甲左腳外側，同時甲右腳後退一步；接著，乙再向前邁左腳仍插於甲右腳內側，同時甲左腳後退一步。然後，轉為乙退甲進。當甲退了三步，右腳即由乙之左腳外側套之內側，轉為進步；乙同時向前稍提起右腳，仍落於原處轉為退步。接著再甲進乙退各兩步。然後再轉為甲退乙進。這樣一進一退地循環練習。

第四節　大　捋

穿深色衣服的為甲，穿淺色衣服者為乙。（注：傳統練習中，大捋預備勢為甲、乙南北對立。此處為配圖方便，甲、乙東西對立。）

大捋因有步法的配合，捋的幅度比定步推手和活步推手捋的動作大，所以稱為大捋或稱大捋大靠。又由於大捋步法和手法的方向是朝東南、東北、西南、西北四個斜

圖 23　　　　　　　　　　圖 24

角,故又稱為四隅推手。又因它的主要動作是捋和靠,在每個循環動作中,兩人合計有四個捋和四個靠的動作,所以也叫做四捋四靠。其動作如下。

預備勢

1.甲乙相對站立,身體各部力求自然、舒適。兩人距離以雙方兩臂向前平舉時腕部相接觸為宜。(圖 23)

2. 兩人相互以右手腕背部相搭,各含掤勁;相互以左手按住對方的右肘,成為右手腕相交的定步雙推手。(圖 24)

(一)乙捋甲靠

1.甲右手內旋沾住乙右腕向乙胸部按去;乙承按勢,右掌隨臂內旋沾於甲右腕部向右後側捋,同時右腿向東北方撤一步,身體重心隨即移於右腿坐實,成左虛步;甲承

挒勢，左掌按於自己右前臂內側向乙胸部靠去，同時左腳
先向東北方墊一步，隨即上右腳向乙襠中插進，弓右腿、
蹬左腿成右弓步。（圖25、圖26）

2.乙以左手截化甲方的靠勢，右手鬆開甲的右腕，以

圖 25

圖 26

右掌向甲面部擊去；同時，甲
以左手截住乙的迎面掌。（圖
27）

3.甲身體重心移於左腿，
腰左轉，以右手掤接住乙的雙
手，以左掌按住乙的右肘；同
時，右腳提起向後撤一步，先
以腳尖著地，腳尖朝南，隨著
身體重心後移使全腳踏實，隨
即提起左腳與右腳平行落下，
成開立步；乙同時也使身體重

圖 27

心移於左腳，腰右轉；右腳提起向前邁出，先以腳跟著
地，腳尖朝北，隨即提起左腳與右腳平行落下，成開立
步。兩人對面而立，與「預備勢」動作 2 相同，唯方向不
同。此勢為甲面朝南，乙面朝北。（圖 28、圖 29）

圖 28

圖 29

(二)甲挒乙靠

1.與「乙挒甲靠」動作 1 相同，唯甲乙動作互換和方向不同。（圖 30、圖 31）

圖 30

圖 31

2.與「乙挒甲靠」動作 2 相同，唯甲乙動作互換和方向不同。（圖 32）

3. 與「乙挒甲靠」動作 3 相同，唯甲乙動作互換和方向不同，此勢為甲面朝西，乙面朝東。（圖 33、圖 34）

圖 32

圖 33

圖 34

(三)乙将甲靠

1. 與「乙将甲靠」動作 1 相同，唯方向不同。（圖
35、圖 36）

圖 35

圖 36

2. 與「乙将甲靠」動作 2 相同，唯方向不同。（圖
37）

3. 與「乙将甲靠」動作 3 相同，唯方向不同，此勢為
甲面朝北，乙面朝南。（圖38、圖39）

圖 37

圖 38

圖 39

(四)甲将乙靠

1.與「乙将甲靠」動作1相同，唯甲乙動作互換和方向不同。（圖40、圖41）

圖40

圖41

2.與「乙捋甲靠」動作 2 相同，唯甲乙動作互換和方向不同。（圖 42）

3.與「乙捋甲靠」動作 3 相同，唯甲乙動作互換和方向不同，此勢為甲面朝東，乙面朝西。（圖 43、圖 44）

圖 42

圖 43

圖 44

以上是右将右靠，左将左靠是在兩人相互換為左手相搭，右手相互按住對方肘部即可。

【要領】

大将中含有掤、将、擠、按、採、挒、肘、靠八種手法，在推手過程中主要使用的是採、挒、肘、靠四種手法。但是，儘管其餘四種手法並不明顯，也不要將這四種手法丟掉。

附錄一
楊祿禪太極拳譜

　　楊祿禪由陳家溝回永年時所帶回的拳譜名曰《陳溝拳譜》，而永年「太和堂」藥店從陳家溝帶到永年的拳譜名稱也為《陳溝拳譜》。因這兩份拳譜內容不同而名稱相同，為將其區別開，筆者將永年「太和堂」藥店的《陳溝拳譜》稱為《太和堂太極拳譜珍藏本》，將楊祿禪的《陳溝拳譜》稱為《楊祿禪太極拳譜》。

　　《太和堂太極拳譜珍藏本》內容有五套拳譜、五套捶譜、太極一百單八式長拳譜、太極小四套譜、太極散手譜、太極短打譜、太極亦是短打譜、太極拳經總歌、太極推手法、太極十八拿法、太極單劍譜、太極雙劍譜、太極單刀譜、太極雙刀譜、太極雙鐧譜、桓侯四槍譜、桓侯四槍對紮法、太極八槍譜、太極八槍雙紮法、太極十三槍譜、太極二十四槍譜、太極二十四槍歌訣、太極二十四槍練法、旋風棍、盤羅棒、盤羅棒練法、大戰樸鐮歌訣、春秋刀訣。

　　《楊祿禪太極拳譜》內容有太極一百單八式長拳譜、五套拳譜、五套捶譜、太極小四套譜、太極散手譜、太極短打譜、太極亦是短打譜、太極丹田行工法、太極襠行工法、太極頂勁行工法、太極圓行工法、太極上下行工法、太極進退行工法、太極開合行工法、太極出入行工法、太極領落行工法、太極迎敵行工法、太極纏絲行工法、太極

背絲扣行工法、河圖洛書合成纏絲勁行工法、太極點穴理、太極點穴法、太極三十六穴、太極十二大穴時辰點穴秘訣叫門法、太極十二中穴點穴法、太極十二小穴點打拿法、太極十六挫骨法、太極二十四筋脈拿法等。

《楊祿禪太極拳譜》中的陳式太極拳套路拳譜如下。

一、太極一百單八勢長拳譜

懶紮衣立勢高強、丟下腿出步單鞭、七星捶手足相顧、探馬拳太祖留傳、當頭炮勢沖人怕、中單鞭誰敢當先、跨馬勢挪移發腳、拗步勢手腳和便、獸頭勢如牌挨近、拋架子短打休延、抓身炮下帶著翻花舞袖、拗鸞肘上連著左右紅拳、玉女穿梭倒騎龍、連珠炮打的是猛將雄兵、猿猴看果誰敢偷、鐵樣將軍也難走、高四平乃封腳套子、小神拳使火焰攢心、斬手炮打一個順鸞藏肘、窩裏炮打一個井攔直入、庇身拳吊打指襠勢兼踢膝、金雞獨立朝陽起鼓、護心拳轉降快腿、沾肘拳逼退英雄、喝一聲小擒休走、拿鷹捉兔勁開弓、下插勢閃驚巧取、倒插勢誰人敢攻、朝陽手遍身防腿、一條鞭打進不忙、懸腳勢誘彼輕進、騎馬勢衝來敢當、一霎步往裏就磋、抹眉紅蓋世無雙、下海擒龍、上山伏虎、野馬分鬃、張飛擂鼓、雁翅穿椿一腿、劈來勢入步連心、雀地龍按下、朝天蹬立起、雞子解胸、白鵝亮翅、黑虎攔路、胡僧托缽、燕子銜泥、二龍戲珠賽過神槍、邱劉勢左搬右掌、鬼蹴腳捕掃前後、轉身紅拳、霸王舉鼎、韓信埋伏、左閃右閃、前衝後衝、觀音獻掌、童子拜佛、翻身過海、回回指路、敬德跳澗、單鞭救主、青龍獻爪、餓馬踢鈴、六封四閉、金剛搗碓、下

四平秦王拔劍、存孝打虎、鍾馗佩劍、佛頂珠、反堂莊、望門簪、掩手紅拳、下壓手、上一步封閉捉拿、往後一收、推山二掌、羅漢降龍、右轉身紅拳右跨馬、左轉身紅拳左跨馬、右搭袖、左搭袖、回頭摟膝拗步、紮一步轉身三請客、掩手紅拳、單鳳朝陽、回頭高四平、金雞曬膀、托天叉、左搭肩、右搭肩、天王降妖、上一步鐵翻杆、下一步子胥拖鞭、上一步蒼龍擺尾、雙拍手、仙摘乳、回頭一炮、拗攔肘、踩子耳紅、仙人捧盤、夜叉探海、劉海捕蟾、玉女捧金盤、丟手、收手、刺掌、搬手、推手、真符送書、回頭閃通背、打一個窩裏炮、掩手紅捶、回頭左右插腳、五子轉還、鬢邊斜插兩枝花、收回去雙龍探馬、窩裏一炮誰敢擋、上一步邀手不差、摟膝一拳推倒、收回交手可誇、招上顧下最無住、偷腿一腳趾殺、急三捶打如風快、急回頭智還看瓜、往前收獅子抱球、展手一腳踢殺、回頭二換也不差、直攢兩拳、轉回身護膝勢當場按定、收回看肘並看花、誰敢擋吾大挺立下、上一步蛟龍出水、後一打反上情莊、急三捶往前捆打、開弓射虎誰不怕、收回來馬前斬草、上一挑又帶紅沙、刺回按定滿天星、誰敢與我比高下、著熟善悟者不差。

二、太極十三勢譜

太極十三勢，即十三折，亦即十三疊也。

頭套拳

金剛搗碓、懶紮衣、單鞭、金剛搗碓、白鵝亮翅、摟膝拗步、斜行拗步、掩手紅捶、金剛搗碓、披身捶、青龍

出水、肘底看拳、倒捻紅、白鵝亮翅、摟膝拗步、閃通背、掩手紅捶、懶紮衣、單鞭、雲手、高探馬、右插腳、左插腳、左蹬一腳、青龍戲水、踢二起、懷中抱月、左蹬一根、右蹬一腳、掩手紅捶、小擒拿、抱頭推山、單鞭、前招、後招、野馬分鬃、懶紮衣、單鞭、玉女穿梭、懶紮衣、單鞭、雲手、擺腳跌叉、更雞獨立、倒捻紅、白鵝亮翅、摟膝拗步、閃通背、掩手紅捶、單鞭、雲手、高探馬、十字腳、指襠捶、黃龍攪水、單鞭、雀地龍、上步七星、下步跨虎、轉身擺腳、當頭炮。

二套拳

懶紮衣、單鞭、護心拳、前堂拗步、操手、單鞭、拗步、斜行拗步、倒捻紅、拗步、閃通背、炮捶、單鞭、插腳、莊腳、炮捶、單鞭、二起、跟子、掩手紅捶、左插腳、披身指襠捶、七星、五子轉還、左右拗步、攪手摻步、單鞭、左插腳、倒捻紅、拗步。

三套拳

懶紮衣、單鞭、護心拳、前堂拗步、操手、單鞭、倒捻紅、拗打通背、炮捶、單鞭、插腳、連珠炮、單鞭、二起、跟子、掩手紅捶、左插腳、披身指襠捶、七星捶、五指轉還、左右拗步、攪手、操步、單鞭、左插腳、倒捻紅、拗步。

四套拳　亦即紅拳

懶紮衣立勢高強、拉下單鞭鬼也忙、出門先使翻花

炮、望門簪去逞英豪、反堂莊後帶著掩手紅捶、騎馬勢下連著窩弓射虎、左拗步十面埋伏、右拗步誰敢爭鋒、披身拳勢如壓卵、指襠勢高挑低掤、更難獨立且留情、護心拳八面玲瓏、六封四閉勢難容、轉身劈打縱橫、上一步二換跟打、倒回來左右七星、翻花炮打一個孤雁出群、下插勢誰敢來攻、翻花舞袖如長虹、分門莊去喪殘生、轉身一捶打倒、兩腳穿莊難停、舞袖一推往前攻、急回頭當陽炮沖。

五套拳

懶紮衣、單鞭、護心拳、前堂拗步、回頭披身、指襠捶、七星捶、大掉炮、當頭炮、抽身打一炮、雁窩拗攔肘、大紅拳、左閃、右閃、左衝、右衝、掩手紅捶、拗步、單鞭、插腳、擺腳、一堂蛇、更難獨立、朝天蹬、倒捻紅、拗步、通背、雲手、高探馬、十字腳、猿猴看果、單鞭、七星、跨虎、當頭炮。

三、炮捶架子

頭套捶

懶紮衣、單鞭、護心拳、前堂拗步、回頭披身、指襠捶、斬手炮、翻花舞袖、掩手紅捶、上步左右裹邊炮、拋架子、掩手紅捶、伏虎勢、回頭抹眉紅拳、上步黃龍左右三攬水、前衝、後衝、掩手紅捶、上步轉膽炮、掩手紅捶、全炮捶、掩手紅捶、上步倒插二朵紅、抹眉紅拳、上步當頭炮、變勢大掉炮、斬手炮、順攔肘、窩裏炮、井攔

直入。

二套捶

懶紮衣、單鞭、一收、斜上一步、六封四閉、斜行拗步、摟膝拗步、十字單鞭、一收、又前堂拗步、斜行拗步、摟膝拗步、十字單鞭、一收、前跳一步、伏虎勢、護心拳、轉臉、肘底看捶、倒捻紅、六封四閉、斜行拗步、摟膝拗步、閃通背、單鞭、雲手、高探馬、左插腳、右插腳、中單鞭、回頭蹬一腳、跳一步、點一捶、轉臉、二起、插腳、上一步、分門莊、回頭左踢一腳、往後蹬根、左右拍膝、袖裏一點紅、回頭抱虎推山、拖身捶、抽身後跳一步、雙跌腳、玉女穿梭、閃通背、單鞭、雲手、跌叉、更雞獨立、倒捻紅、六封四閉、斜行拗步、摟膝拗步、閃通背、單鞭、雲手、高探馬、十字腳、指襠捶、單捶攔打、右裏七星、回頭看花、小擒拿、單鞭、左外七星、白鵝亮翅、雙手擺腳、當頭炮。

三套捶

懶紮衣、單鞭、護心拳、前堂拗步、指襠捶、斬手炮、翻花舞袖、掩手紅捶、拗攔肘、倒捻紅、連珠炮、掩手紅捶、左裏邊炮、右裏邊炮、獸頭勢、劈架子、掩手紅捶、回頭抹眉紅、前衝、後衝、掩手紅捶、掃堂腿、掩手紅捶、倒插、抹眉紅、上步當頭炮、變勢、大掉炮、順攔肘、窩底炮、井攔直入。

四套捶

懶紮衣、單鞭、護心拳、前堂拗步、回頭披身、指襠捶、斬手炮、翻花舞袖、掩手紅捶、拗攔肘、大紅拳、玉女穿梭、倒騎龍、連珠炮、掩手紅捶、上步左右裏邊炮、獸頭勢、劈架子、掩手紅捶、伏虎勢、回頭抹眉紅、黃龍左右三攬水、前衝、後衝、掩手紅捶、上步轉膽炮、掩手紅捶、全炮捶、掩手紅捶、上步倒插二朵紅、抹眉紅拳、上步當頭炮、變勢、大掉炮、斬手炮、順攔肘、窩裏炮、井攔直入。

五套拳

懶紮衣、單鞭、上踐步、護心拳、前堂拗步、回頭披身、翻身指襠、斬手炮、翻花舞袖、掩手紅捶、拗攔肘、大紅拳、玉女穿梭、倒騎龍、掩手紅捶、左裏邊肘、右裏邊肘、收身、獸頭勢、劈架子、伏虎勢、掩手紅捶、黃龍三攬水、前衝、後衝、掩手紅捶、掃堂腿、掩手紅捶、全炮捶、上步倒插、左右二朵紅、掩手紅捶、變勢、大掉炮、抹眉紅拳、順攔肘、窩裏炮、翻身護身炮。

四、太極小四套

太祖立勢最高強、丟下斜行鬼也忙、上一勢先打更雞獨立、下一勢刀對鞘死立當場、懶紮衣往裏就採、護心捶蓋世無雙、喝一聲小擒休走、一條鞭打進不忙、滾踢腳眼前遮過、抓面腳死在胸前、上三路打黃鶯拿嗉、下三路抓神沙使在臉上、即便抬腿轉臁腰還、二龍戲珠賽過神槍、

跟子就起忙把頭藏、雀地龍按下、急三捶打進著忙、上一步打個蛟龍出水、下一步再打一個正應情莊、騎馬勢轉步吊打、虎抱頭去時人難防、要知此拳出何處、名為太祖下南唐。

五、太極散手

拗步搬打橫樁、雁子浮水、橫攔肘、穿心肘、拗攔肘、推面抓拿、烏龍入洞、朝天一炷香、封閉抓拿、裏靠、外靠、十字靠、飛仙掌、搶拳、推心掌、推面掌、搭掌、推肚跌、攔手外撒腳跌、柱杖撩鉤、軟手提袍、斬手、回手、推打、滾手、壓手、推打、拿手、拍手、採打、斬手、滾手、撩手、高挑低進、拗攔掤打、低驚高取、火焰攢心、橫直劈砍、拗摺手、外拴肘、不著不架、鍾馗抹額、束手解帶、烈女捧金盤、孫真治虎、王屠捆豬、張飛擂鼓、拿鷹嗦、破王屠捆豬、泰山壓頂、扭羊頭、掐指尋父、摧指抓掌、小坐子、搬腿、後坐子、騰腿法、鉤腿法、鉤腳法、撒腳法、順手、裏丟手、壓手、騰手、外靠、裏抓跌、拗手、丟壓手、騰手、摺手、丟手、摺手、十字跌、丟手、外壓手、橫攔肘、撒手、丟手、搬手、裏靠、撒腳跌、柱杖靠打、丟打、攔手、封搬手、三封打耳、黑虎叼心、破高挑低進用壓手、橫攔肘、丟打、摺手、按頭掃腳、往裏跌、摺手、上後手、推面拍打、拿手跌、摺手、偏風拍手、推打跌、丟手、攔手、串打、壓手、靠打、丟打、壓打、摺捧肘、往前摔破用千斤墜、下帶騰跌、金蟬脫殼、跌野馬上槽乃走場。

六、太極短打

上　手

裏抱頭推山、裏順水推舟、裏推山塞海、裏順手穿心肘、裏鐵翻杆、拐李拱手、騰手裏打、斬手、外童子拜觀音、袖裏一點紅、順手搬打、順摺手偠風、閉門鐵扇子、裏丟手、抽梁換柱、順手上肘摔掌、猿猴開鎖、順水搬打橫樁。

下　手

破裏抱頭推山、破裏順水推舟、破裏推山塞海、破裏順手穿心肘、三封打耳、外丟手、裏丟手、外靠裏打、單鑾袍、雁子浮水、破順手搬打、破順摺手偠風、破閉門鐵扇子、裏丟外壓靠打、拗步壓手、上肘摔掌、喜鵲過枝、破順水搬打橫樁。

七、太極亦是短打

迎面飛仙掌、順手飛仙掌、裏丟手、閉門鐵扇子、霸王硬開弓、裏邊炮、單鑾袍、前手順前腳往裏打沖天炮、左手順左腳一順往上沖打、單鞭救主、打胳臂肚與胳臂根。

總　十五拳、十五炮，走拳用心。

附錄二
楊健侯太極拳譜

「楊健侯太極拳譜」原名為「太極拳譜」，在一邊寫有「楊健侯傳」並注有「不宜輕傳　切記」的字樣。為了與其他太極拳譜相區別，筆者就將此譜定名為「楊健侯太極拳譜」。

該拳譜是 20 世紀 70 年代，我跟隨恩師林金聲先生學習楊式太極拳老架系列拳架時傳給我的。並囑咐我：「這個拳譜是楊健侯這一支傳下來的，很珍貴，以後要注意不能不傳，不能濫傳，要傳給真正好咱們這個拳的，好咱們這個拳的人才知道這個拳譜的珍貴。」

為了促進太極拳事業的發展，豐富太極拳文化在社會上傳播的內容，讓更多的人瞭解太極拳，研究太極拳，故將此譜附於拙著之後。

在這裏我還想多說幾句。我所得到的不管是陳式太極拳譜、楊式太極拳譜，還是武式太極拳譜，大多都是林金聲先生傳給我的。當然，所謂傳，只是讓我傳抄，而不是將原本送給你。先生還有一套太極「一時短打」拳譜，拳譜上大多是圖解，圖是用毛筆畫的，沒有相當功力的美術功底，是很難臨摹下來的。可惜的是，當時還沒有聽說過「影印機」這個詞。

先生去世後，該拳譜的下落就成了一個難解之謎了。

我在這裏囉嗦的這些，其目的有二。一是說明林金聲

先生不僅在太極拳套路的繼承和傳播方面作出了卓越的貢獻，而且在為中國太極拳文化的傳遞方面也是無人所能比擬的。二是呼籲一下，不管是誰收藏了「一時短打」的拳譜，應在適當的時候，以合適的方式將此譜貢獻於社會。

一、太極拳打手論

打手者，研究懂勁也。先師曰：「由著熟而漸悟懂勁，由懂勁而階及神明。」旨在言乎！夫究宜如何始能著熟，宜如何始悟懂勁，宜如何階及神明。

此本章之所宜急急研究者也。夫太極拳之各勢既已練習，則當首先注意姿勢是否正確，動作能否自然，待其既正確且自然矣，然後進而練習應用。應用既皆純熟，斯可謂著熟矣。雖然此不過彼往我來之一勢一用而已耳。若彼連用數法或因我之著而變化斯時也，則如之何於是手懂勁尚焉。

夫懂勁者，因己之不利處，推及彼之不利處也。方我之欲擊敵也，心中必先具一念，然後始擊之也。反是彼能無此一念乎！雖智愚賢不肖異等，而其先具之一念，未嘗異也。故彼念既同我念一起，真偽虛實難測異常，苟無一定之主宰，則必至於張惶失措，方恐應敵之不暇，尚何希其致勝哉！雖然當擊彼之念既起，則當存心彼我著法孰速欲擊之目的。孰當彼未擊我身也，可否引其落空，或我之動作是否能動於彼先。待既擊至我身也，宜如何變其力之方向，使落不及我身，或能因彼之力而使其力折回而還彼身。此等存心，究宜如何始能得之，蓋因我之某處懼彼之擊也，彼之某處亦懼我之擊，此明顯之理也。然而，避我

之怕擊處，擊彼之怕擊處，則彼欲勝豈可得也。孫子曰：「知己知彼，百戰百勝。」此之謂也。方此時也，可謂懂勁也矣。

懂勁後，愈練愈精，漸至捨己從人，因敵變化，不思而得，從容中道，非達於神明矣乎！學者果能盡心研究之，則出奇入妙，將在於是也，是為論。

二、打手論

太極拳打手，亦名推手、靠手。得力於掤、捋、擠、按、採、挒、肘、靠八個字。而其八字所以練其身之圓活，使二人沾連黏隨，週而復始，渾天球斡旋不已。將此一身練為渾圓之體，隨曲就伸，無不如意，一舉一動無不輕靈。敵如搏我則逆來順應，變化無窮。故練習太極拳者至相當程度時，又須進而練習推手也。練習推手須擇合宜之儔侶互相研習，始可獲益。至於推手方法，分單推手、雙推手、合步推手、順步推手、定步推手、活步推手、大捋推手、纏步推手。雖然方法不同，而手法則不外乎掤、捋、擠、按、採、挒、肘、靠各法。之外也，如外取敵人，用掤、按、擠、靠、肘，敗勢。取敵即使捋採挒，敵掤我捋，敵捋我靠，敵擠我捋，敵按我掤，化其力，或以捋之可也。

三、手　腳

手要毒，眼要奸，腳踏中門襠裏攢。眼有截察之精，手有撥轉之能，腳有行體之功。兩肘不離肋，兩手不離心。乘其無備而攻之，由其不意而去之。腳起而攢，腳落

而翻，不攢不翻，以寸為先。肩要催肘，肘要催手，手要催胯，胯要催膝，膝要催腳，其深察之。

四、身　法

身不可前俯後仰，不可左斜右歪。往前一直而出，往後一直而落。含胸拔背，虛領頂勁，提頂吊襠，鬆肩沉肘。練時注意手眼身步法。

五、步　法

寸步、快步、踐步，不可缺也。

六、太極歌

太極長拳獨一家，無窮變化洵非誇。
妙處全憑藉勁力，當場著意莫輕拿。
掌拳肘和腕，肩腰胯膝腳。
上下九節勁，言明須知曉。

七、推手行工歌

低頭直豎腰，傳手定不高。
使能腳根勁，含胸活胯腰。
隨人多變化，遇敵似火燒。
內用彈性力，方算拳中妙。

八、用功歌

輕靈活澄求懂勁，陰陽相濟無滯病。
若得四兩撥千斤，開合鼓蕩主宰定。

九、太極八字歌

掤捋擠按須認眞，上下相隨人難進。
任他巨力來打我，牽動四兩撥千斤。
採挒肘靠更出奇，行之不用費心思。
果能輕靈並堅硬，得其環中不支離。

十、太極拳八字解

掤勁義何解？如水負舟行。先實丹田氣，次緊頂頭懸。
周身彈簧力，開合一定間。任爾千斤力，漂浮亦不難。
捋勁義何解？引導使之前。順其來勢力，輕靈不丟頂。
引之使延長，力盡自然空。重心自維持，莫被他人乘。
擠勁義何解？用時有兩方。直接單純力，迎合一勁中。
間接反映力，如球碰壁還。又如錢投鼓，躍躍聲鏗然。
按勁義何解？運用如水行。柔中已寓剛，急流勢難當。
逢高則膨滿，遇凹向下潛。波浪有起伏，有空必鑽入。
採勁義何解？如權之引衡。任爾力巨細，權後知輕重。
輕移則四兩，千斤亦可稱。若問理何在，槓桿作用存。
挒勁義何解？旋轉如飛輪。投物於其上，脫然擲尋丈。
急流成旋渦，捲浪若螺紋。落葉墜其上，倏爾便沉淪。
肘勁義何解？方法計五行。陰陽分上下，虛實宜爲清。
連環式莫擋，開花捶更凶。六勁融通後，用途始無窮。
靠勁義何解？其法分肩靠，斜飛式用肩，肩中還有背。
一旦機可乘，轟然如搗碓。仔細維重心，失中徒無功。

十一、大小太極解

天地為一大太極，人身為一小太極。人身為太極之體，不可不練太極拳。

本有之靈而重修之，良有以也。

人身如機器，久不磨而生鏽，生鏽而氣血滯，多生流弊。故人欲鍛鍊身體者，必先練太極最相宜。

太極練法，以心行氣，不用拙力，純任自然。筋骨鮮折曲之苦，皮膚無磋磨之勞。不用力何能有力？蓋太極練功，沉肩墜肘，氣沉丹田。氣能入丹田，為氣總機關，由此分運四體百骸，以氣周流全身，意到氣至。練到此地位，其力不可限量矣！

此不用拙力，純以神行，功效著矣！先師云：「極柔軟，然後極堅剛。」蓋此意也！

十二、秘　歌

無形無聲，全體空虛。動靜自然，胯腳隨行。
進退如意，坐腿含胸。翻江撥海，盡性立命。

十三、約　言

隨人之勢，借人之力，接人之勁，得人之巧。

十四、用功之志

博學——言多功夫也。

審問——聽勁者也，非口問也。

慎思——聽後留心制敵者也。

明辨——辨敵勢而生生不已也。

篤行——如天行健。

十五、一時短打

迎面飛仙掌、順手飛仙掌、推心掌、推面掌、橫攔肘、裏栓肘、穿心肘、左採手、右採手、裏靠、外靠、十字靠、七星靠、鐵身靠、格手偎風、雙風打耳、火焰鑽心、袖裏一點紅、十字跌、沖天炮、推肘跌、軟手提炮、拗捋掤打、裏邊炮、底驚高取、不遮不架、霸王開弓、朝天一柱香、玉女捧盒、掐指尋父、桓侯擂鼓、童子拜觀音、裏丟手、斬手、閉門鐵扇子、單鑾炮、前手順前腳往裏跌、沖天炮、左手順左腳往上沖打、單鞭救主、打胳膊、肚裏、胳膊根。

十六、十不傳

一、不傳外教；二、不傳不知師弟之道者；三、不傳無德者；四、不傳收不住者；五、不傳半途而廢者；六、不傳得寶忘師者；七、不傳無納履之心者；八、不傳好怒好慍者；九、不傳外欲太多者；十、不傳匪事多端者。

附錄三
太極點穴秘譜

　　「太極點穴秘譜」是 20 世紀 70 年代授藝恩師林金聲先生傳於我的。傳於此譜時他說：

　　「秘譜（指太極點穴秘譜言）是楊祿禪從陳家溝帶回來的，一般不外傳，也不要在外面隨意提太極點穴這碼子事，就是入門弟子也要擇人而授。不輕易外傳，並不是保守，是怕給徒弟被罪。人品不好的人不能傳，傳給他了怕他禍害人惹事。人品好，脾氣不好，或好爭強好勝者也不能傳。徒弟一旦傷了人，師父是有罪的，這就是被罪，罪是害了徒弟，不要輕傳。要傳給人品好、有涵養的、有耐心的入門弟子。」

　　為了證實太極拳是一門系統、完整的武術體系，豐富太極拳愛好者的太極拳知識，特將此拳譜公開。為了慎重起見，本譜的穴位圖譜暫不公開，特此說明，請諒解。

　　2004 年，師兄高岐山（我與高岐山師兄不是林金聲先生門下的同門師兄弟，高岐山是楊式太極拳、武式太極拳的正宗傳人）送給我一本「太極點穴秘譜」複印本，與我這本雖有區別，但大同小異。在此對師兄高岐山贈我「太極點穴秘譜」特表感謝。

　　這兩本「太極點穴秘譜」的異同之處將在以後的著作中詳細說明。

一、理

盖世者習拳者多，得之拳中精髓者少也。天下練太極者多似牛毛，成者似牛角，得之太極大成者更少也。

世曰：拳不打力，力不打功，功不打術，術不打仙。吵架是罵人之苗，罵者是打鬥之源，打鬥是拼命之根。

盖世拳法，無非內外兩種拳法。然而太極者，陰陽之母，天地人合一。天有三寶，日、月、星；地有三寶，水、火、風；人有三寶，精、氣、神。宮為九宮，練法九九者歸一。無手到有手，有手到無手。乃練精化氣，練氣成髓，練髓還虛。形無形，意無意，無意之中是真藝。

太極者，拳中之母。陰陽變化，能生萬物。一動俱動，形似車輪，綿裏藏針。靜如山岳，動如長江波浪。內外合一，剛柔相濟，乃是四兩神氣破千斤之力。

年有三百六十五天，人有三百六十五穴；年有十二個月，人有十二經絡；年有四季，人有四肢；年有二十四節氣，人有二十四關節；天有多少星辰，人有多少毛孔；人有二十四筋脈，天有風、雨、雷、電爾；人有心、肝、脾、肺、腎，地有金、木、水、火、土。

二、門規

太極者，上層練法，內有點穴閉戶，分筋挫骨更不輕易傳人。本門有三不傳，何為三不傳？一曰：不傳不忠、不孝、不仁、不義者。二曰：不傳好奇者、不敬師者、貪酒色財氣者。三曰：不傳不勤學苦練、好鬥者。傳其真法須遵守三不傳，不可輕易傳人。

三、本門乃有點穴、打穴、拿穴、抓穴是也

點穴乃為單指點、雙指點、三指點。打穴乃為拳打、掌打、肘打、氣打、足打。拿住對方要穴乃為拿穴。手指抓住對方主要穴位乃為抓穴。上者幾種方法要毒、狠、準，意透其背。要做到不動則靜，動者則準、猛、狠。

四、本門點穴法為三十六穴

其十二大穴、十二中穴、十二小穴。

五、本門有絕命三穴

練其本功法須功到、手到、敵到。按時辰點穴法乃為十大穴。不分時辰點穴法為十二穴。點穴有絕命三穴當場死亡，或不出十二個時辰命亡。

六、本門還有叫門法

點穴關鍵在於叫門，門叫不開，點身無效。叫門法乃為子踝醜腰寅在目，卯面辰期巳手執，午胸未腹申在心，酉背戌期亥股續。先師曰：時到者經到；經到穴到；手點穴到人倒也。

七、太極點穴之法

有十二大穴、十二中穴、十二小穴。有點死打活之法，有引進落空之法。點、拿、抓、打，陰陽不分，各有奧妙。

點穴分為四季，即春東、夏南、秋西、冬北。每到一季節，把敵人引進一方去點，自有點穴道之法。

八、本門明知點穴之法

苦練點穴之功，無功不為點穴之大成也。練點穴之功，得點穴指功。練太極指之功法，各家不一，乃為內外結合練也。

藥水洗手之練法：一日兩次苦練，百日苦練得成。太極陰陽金剛指練法分三部：一曰練內丹功，具體練法為兩勢，即青龍伸爪勢（為靜坐功）、鬆緊練法（即椿功，手法若干勢）。後用藥水洗法，練功時將藥水燒熱，將手泡進藥水之中，待手泡熱後，將手提出藥水趁熱練功。具體做法是：面朝牆壁，距離兩尺餘，兩腳分開，手五指頂壁；隨著功夫的增加，使兩腳逐漸向後移，直到能身腰挺直，後臂與肩成直角後，再使五指點地；隨著功力的增厚，逐步減為四指、三指、二指，指力亦已偉矣。為二部練後用藥水再浸泡之熱，將手提出，將沙袋放在與腰同高處。沙袋內裝鐵砂五斤，用豬血煮、綠豆五斤、山裏紅籽五斤，共為十五斤合在一起，裝在四方沙袋裏，趁熱練習，五指一戳一百，久而久之，五指之功與腕底之勁結合，內氣久練成為太極陰陽金剛功。再做一個與人同高的木椿，內包棉花，外包牛皮，有頭有四肢，把三十六要穴都注上，乃練習點穴，要準，一絲不差，久練久之，蒙上眼睛再練點穴，如能點準，此功成矣。

第三部藥水法。青木香五錢、生薑五錢、桂心五錢、百蜜五錢、佗僧五錢、宣木瓜五錢、路路通五錢、製川烏

五錢、蛇床子四錢、地骨皮四錢、淨紅花四錢、土麻四錢、澤蘭葉四錢、草烏四錢、透骨草四錢、象皮四錢、細辛四錢、當歸四錢、虎骨一兩浸泡三十天與藥合在一起，兩大碗河水浸之一時，藥六天。

九、太極十二時辰點穴秘訣叫門法

後石歌：子時人中上頸在踝梢；丑時天井在腎腰；寅時天腹橋空先打木；卯時百會牙腮面門跑不了；辰時耳邊雙陰在於頭；巳時氣門將台在於梢；午時手門脈腕先打胸；未時耳振七坎在上焦；申時肩井丹田先打心；酉時天突百海背穴道；戌時其門下陰；亥時太淵湧泉在股上。

十、十二時辰開穴法

子踝丑腰寅在目；卯面辰頸巳手塾；午胸為腹申在心；酉背戌頂亥胯股。

十一、十二穴乃不按時辰點

有百會、肩井、氣門、手門、期門、天腹、耳振、日月、太淵、上頸、肢麻、腦後、小穴鬼眼、耳門、太衝、鳳尾、掛膀、鳳凰入洞、背心、哭腰、華蓋、底廉、對口、合谷。

十二、二十四筋脈

前二鬼把門、後二鬼把門、耳門筋、腋筋、胸筋、膀大筋、肘底筋、脈腕筋、腹筋、股內筋、膕內筋、腰大筋。

十三、十六挫骨

頸骨、下踝骨、膀骨、肘骨、腕骨、胯骨、膝骨、腳腕骨、喉骨、腰椎骨。

十四、太極十二大穴時辰點穴秘訣叫門法

子時上頸先打手，丑時打腕頂先腰，寅時天腹擊迎面，卯時百會脖抱走，辰時耳邊大腦頭，巳時氣門章門肘，午時手門先打三關口，未時耳邊在於心，申時肩井兩胸走，酉時玄抵先打陰，戌時其門在陰頂，亥時腹頁走。

十五、十二時辰大穴點拿叫門法

1.子時上頸

如點準此穴昏而過去，四肢軟不能起動。三時辰不解之斗門法：如敵雙手向我上部打來，我以雙手振抖敵雙腕穴，如敵感覺有痛麻之意，我以雙手指對準上頸穴，用中指與食指以丹田之力，直進敵的雙上頸穴。

要領：要準、狠、猛，意透其背，敵必倒也。

解穴法：打膽經、振後心解。

2.丑時鎖下穴

如點準此穴，手、肘、肩不能抬動，痛疼麻木難忍，不解七日亡也。叫門胸痛，腰口手法，把虛推。如敵用手打來，我用右手扼敵人的肘，左手抓住敵人的手腕，玄腰化過，我再用右手掌向敵人的腰口打去，用右手雙指，氣

貫於手指，向敵人膀頂穴點去，敵渾身軟無還手之力。

要領：此法要一氣呵成，要準、狠、猛，要一定打透。

解穴法：打摩肝經，開筋。

3. 寅時天腹穴

如點準此穴，半身麻疼、頭昏，時間長久，可半身癱瘓，不解兩天亡。叫門迎面手法，擴把合掌。如敵人用右手向我上部打來，我把敵人引進過去上部擠胯，我用左掌向敵人的面目擊去，掌根擊鼻。右手用雙指或尖拳，以氣貫於手指，向天腹穴點去。此法不到必要時不可用也。

解穴法：打肺經，摩百會。

4. 卯時百會穴

如點準此穴，昏迷不止，重者亡。叫門脖根手法，一條車鞭。如敵人左手向我上部打來，我以右手旋轉架住敵人的手，以掌狠擊敵人的脖根，敵必縮身，我再利用右手雙指或尖拳，向敵人的百會穴點去或擊去，敵必倒也。

解穴法：打大腸經，點尾骨。

5. 辰時耳邊穴

如點準此穴，噁心頭暈，四肢發麻。叫門手法，雙峰貫耳，如敵人雙手向我腹部打來，我用纏手法，把敵手纏，叫門雙手中指點準頭尾穴，合掌根擊耳邊，敵無還手之力也。

解穴法：打胃經，振百會。

6. 巳時氣門穴

如點準此穴，氣而不順，疼痛難忍，如壓迫感，叫門章門穴手法，纏手腕掌。如敵人左手打來，我以左手纏住敵的左手，向敵的章門穴擊去，敵必有疼感，敵含胸，我以丹田之氣貫於手指，向敵氣門穴猛點，敵必倒也。

要領：要意透其背。解脾經。

7. 午時手門穴

如點準此穴，氣而不順，胸疼、頭疼、眼花，重者身亡。叫門手法：抱虎抓髮。如敵右手打來，我忙使右手把敵人猛旋，左手抓住敵腦後，右手五指猛點擊敵的手門，敵必倒也。解穴心經。

8. 未時耳振穴

如點準此穴，昏迷不醒，四肢軟，叫門心手法，推手腕掌。如敵左手打來，我以推手腕掌，右手打心，左手掐點敵耳振穴，敵必亡也。解穴小腸。

9. 申時肩井穴

如點準此穴，頭暈肩胸疼、噁心，重者昏而過去。叫門振胸掌。如敵右手打來，我以左手托住敵人的肘，右掌向敵人七坎穴擊去，敵必疼含胸，我用兩手雙指向敵肩井穴猛點去，敵必倒也，重者七日亡。解穴膀胱。

10.酉時天突穴

如點準此穴，便氣不能呼吸、胸悶、頭昏、眼脹，重者命亡，輕者殘廢。叫門下陰手法，指襠捶。如敵左手打來，我用右手纏住敵的左手，向敵的陰部抖去，敵疼必彎腰，我用左手中食指向敵的天突穴點去，敵必亡也。解穴腎經。

11.戌時其門穴

如點準此穴，上身不能動，有壓迫感。叫門頂手法，振頂掌。如敵右手向我打來，我用換手法向敵的頂擊去，敵必頭震疼，我以右手雙指向敵其門點去，敵不能動也。

12.亥時太谿穴

如點準此穴，下部麻疼，不能走動。叫門股穴手法，海底撈月。如敵用腳踢我，我以手撈住敵的腳雙手擺腳，敵必倒也，我用腳踢敵的股穴，敵必疼也，我用雙手點敵太谿穴，敵下肢癱瘓也。解穴三焦。

十六、十二時辰中穴點法

1.子時人中

此穴在鼻底之處也，叫水溝之穴，通於任、督二脈。輕者昏，重者亡。叫門可踝手法，千斤重。如敵右手打來，我用雙手抖捶敵人的右手，同時踝住敵人的右腳，我用右手食指與中指猛點擊敵人的人中穴，敵倒也。

2.丑時天庭穴

通於氣腳手肘，重者手肘不能動，氣不能出，感覺有壓住之意。叫門腰哭穴手法，而先傳到。如敵右手打來，我以右手纏住敵手腕，我以左手對準敵人腰哭穴猛擊去，敵感覺疼，氣不能喘，敵必彎腰，我以右手反背中指猛擊敵人天庭穴，要斜下方，要猛要狠。

3.寅時喬空穴

在兩眉當中，孔眉心鼻梁穴，此穴通於腦頭。重者昏而過去。叫門百會穴手法，雙合手。敵如左手打來，我以右手纏住敵的左手，左手反掌中指中節猛擊敵的喬空穴，敵必昏而過去。

4.卯時牙腮穴

此穴在於下巴旁邊，此穴通於頭頂，下通於胃。如點準此穴，頭昏、噁心、心慌，重者昏。叫門兩手。如敵雙手向我打來，我用雙手纏手法，左手向敵迎面用掌擊法，右手雙指向敵的牙腮點擊去，勁在於掌心發，勁在於手指。

5.辰時雙陰穴

此穴在於耳尖上三寸，上通於腦，下通於肺。如點準此穴，重者昏，四肢軟，噁心、心慌。叫門天蓋穴手法，玉女穿梭。如敵右手打來，我以右手擋住敵的右手，左手直指敵的天蓋穴，敵必疼含胸，我用雙手中指與食指猛點

敵雙陰穴，敵必倒也。

6. 巳時將台穴

為乳邊穴，如點準此穴，胸疼、氣不能出、胸悶，輕者有壓迫之感。叫門手法，敵右手打來，我以左手肘把敵人的手腕抖擊去，敵手腕必疼也，我於雙手中指與食指向敵的將台穴點去，敵必倒也。

7. 午時脈腕穴

此穴在於人體的手腕的脈腕之處，相當於內關穴，此穴通於肺心。此法為拿穴，對準時拿到此穴，上半身不能動、心慌、噁心，重者上肢殘廢。叫門胸，如敵用右手向我打來，我於左手向敵的胸打去，敵必胸疼，我用左手抓住敵人的脈腕穴，猛扣脈腕穴，用丹田之氣，要猛、要狠。

8. 未時七坎穴

此穴在上腕三寸，在左右兩肋當中就是，此穴為震心穴，此穴通於三焦腹部也。如對準時辰點去，其上下肢不能動，心慌、頭疼、噁心、不能動，重者吐血三天亡。叫門氣海手法，老虎大張口，如敵用右手打來，我以右手纏住敵右手，從敵手上穿過向下用掌向氣海穴擊去，我用右手中指與食指向敵七坎穴點去，敵必倒也。

9. 申時丹田穴

丹田在肚臍下一寸三分，此穴通心窩四肢，如點準此

穴，頭暈、心慌、小便不止，小便完也，人昏迷。叫門心手法，老虎大張口。如敵用右手打來，我用右手擋住，我左手從敵手上穿過，用掌擊心，敵感覺疼痛，我馬上用左手雙指向敵丹田穴猛力點去，要猛、要狠。

10. 酉時百海穴

此穴在大腿內側便是。此穴通腎經，如點準此穴，下肢不能起動，腰也不能動，重者尿血。叫門掛膀穴手法，抖打法。如敵右手打來，我以雙手抱住敵的右手，掛起左手，向敵的掛膀穴點去。敵感覺疼，我用右手雙指向敵的百海穴點去。第二，如敵用腳踢來，我以纏手抱住敵的腿，再用左手打敵的背，右手雙指點住敵人的百海穴，敵必倒也。

11. 戌時下陰穴

此穴為洞壺漏穴，在兩大腿當中。此下陰穴通於肺腎，如要對準時辰擊打此穴，敵必昏，重者亡。叫門頭頂手法，陰陽合一。如敵用右手打來，我用蓋掌震敵人的頭頂，敵感覺頭昏，我以右拳或掌根向敵人的下陰穴朝上抖去，敵必倒也。

12. 亥時湧泉穴

此穴通於腎下陰，如對準時辰點此穴，下肢完也，重者半身不能動。叫門大股手法，海底撈月。如敵用腳向我踢來，我以右手撈起敵人腳，左手掰腳取下敵鞋，我的腳向敵人的屁股間踢去，敵感覺疼，我用雙指猛點敵人的湧

泉穴，敵站不起來也。

十七、太極十二小穴有點打拿也

不分時辰，奇經多變，對口先打口；點鳳凰入洞先要擊前胸；點太衝先擊陽衝穴；上重點掛膀，腦後一掌打穴中；打脊樑先打前胸；打腰哭腦後一掌；要打經鳳尾，心口中敲九穴，爾震腦後頂；點華蓋穴下陰通拿曲池，底麻要合擊；點鬼眼胯上蹬；打太陰陽要重，絕命手法要猛、要狠、要準。絕命三穴，喉上穴、二鬼把門穴、頸根穴、天井穴。

十八、十二時辰解穴法

子時按摩膽經，揉十宣；丑時按摩肝經；寅時按摩肺經；卯時按摩大腸經。

導引養生功

彩色圖解太極武術

1 太極功夫扇
定價220元

2 武當太極劍
定價220元

3 楊式太極劍
定價220元

4 楊式太極刀
定價220元

5 二十四式太極拳+VCD
定價350元

6 三十二式太極劍+VCD
定價350元

7 四十二式太極劍+VCD
定價350元

8 四十二式太極拳+VCD
定價350元

9 楊式十六式太極劍
定價350元

10 楊氏二十八式太極拳+VCD
定價350元

11 楊式太極拳四十式+VCD
定價350元

12 陳式太極拳五十六式+VCD
定價350元

13 吳式太極拳五十六式+VCD
定價350元

14 精簡陳式太極拳八式十六式
定價220元

15 精簡吳式太極拳三十六式 拳架・推手
定價220元

16 夕陽美功夫扇
定價220元

17 綜合四十八式太極拳+VCD
定價350元

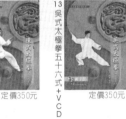
18 三十二式太極拳 四段
定價220元

19 楊式三十七式太極拳+VCD
定價350元

20 楊氏五十一式太極劍+VCD
定價350元

21 嫡傳楊家太極拳精練二十八式
定價220元

22 嫡傳楊家太極劍五十一式
定價220元

國家圖書館出版品預行編目資料

楊式太極拳闡秘 / 龐大明 著
——初版，——臺北市，大展，2008〔民97.10〕
面；21公分 ——（武術特輯；104）
ISBN　978－957－468－643－8（平裝）

1.太極拳

528.972　　　　　　　　　　　　　　　97015017

楊式太極拳闡秘

ISBN 978－957－468－643－8

著　　者/龐大明
責任編輯/謝建平
發 行 人/蔡森明
出 版 者/大展出版社有限公司
社　　址/台北市北投區（石牌）致遠一路2段12巷1號
電　　話/（02）28236031・28236033・28233123
傳　　眞/（02）28272069
郵政劃撥/01669551
網　　址/www.dah-jaan.com.tw
E－mail/service@dah-jaan.com.tw
登 記 證/局版臺業字第2171號
承 印 者/傳興印刷有限公司
裝　　訂/建鑫裝訂有限公司
排 版 者/弘益電腦排版有限公司
授 權 者/北京人民體育出版社
初版1刷/2008年（民97年）10月

定　價/300元

大展好書　好書大展

品嘗好書　冠群可期

大展好書　好書大展

品嘗好書·冠群可期